U0088238

別讓自己不高興

50條不生氣法則

曾有兩個人在黑夜的沙漠中行走，水壺中的水早就喝完了，兩人又累又餓，體力漸漸不支。在休息的時候，其中一個人問另一個人，「現在你能看到什麼？」被問的人答道：「我現在似乎看到了死亡，似乎看到死神在一步一步地靠近。」而發問的這個人卻微微一笑說：「我現在看到的是滿天的星星和我的妻子、兒女等待我回家的臉龐。」

最後，那個說看到死亡的人，就在快要走出沙漠的時候，用刀子匆匆結束了自己的生命。而另一個說看見星星和自己妻子、兒女臉龐的人，靠著星星的方位指示成功地走出了沙漠，並成為人們心目中的英雄。

其實這兩個人所處的環境完全一樣，但卻演繹成了截然不同的命運，僅僅是因為他們的心態有所不同。你擁有什麼樣的心情，世界就會向你呈現什麼樣的色彩。

人們每天都在經歷各式各樣的事情，以及這些事情給我們帶來的諸多感受：時而冷靜，時而衝動；時而精神煥發，時而萎靡不振；有時可以理智地去思考，有時又會失去控制地暴跳如雷；有時覺得生活充滿了甜蜜和幸福，而有時又感覺生活是那麼的無味和沉悶。這就是情緒，它存在於每個人的心中，而且在不同的時期、不同的場合產生著奇妙的效果。

你是否也有過這樣的體驗：心情好時，看什麼東西都順眼、順心，連對原來不喜歡的人也有了幾分好感，對原來看不慣的事也覺得有了幾分道理；而心情不好的時候，面對再美味的佳餚也難以下嚥，對再美麗的風景也視若無睹。情緒的影響力可見一斑。

成功和快樂總是屬於那些善於控制自己情緒的人。卓越的成功者活得充實、自信、快樂；平庸的失敗者過得空虛、窘迫、頹廢。原因僅僅是因為這兩類人控制情緒的能力不同。

善於控制自己情緒的人，能在絕望的時候看到希望，能在黑暗的時候看到光明，所以他們心中燃燒著激情和樂觀的火焰，擁有樂觀向上、不斷奮鬥的不竭動力。而失敗者或許並不是真的像他們所抱怨的那樣缺少機會，或者是資歷淺薄，甚至是上天不公。我們可以發現，大多數的失敗者失意時一味抱怨不思東山再起，落後時不想奮起直追，消沉時只會藉酒消愁，得意時又會忘乎所以。他們之所以失敗，往往因為他們沒有學會控制好自己的情緒。

我們大多數人的生活境遇，通常既不是一無所有，一切糟糕；也不是什麼都好，事事如意。所以，時常默默鼓勵一下自己「我很棒」、「我是最好的」、「我有比其他人優秀的地方」、「我某某方面做得比較好」等等，真的會有用的！

Chapter1 正視情緒，因為情緒改變人生

Chapter2 克服壓力，從心理消除焦慮情緒

Chapter3
活在當下，要學會控制憤怒情緒

Chapter4
放慢節奏，輕鬆生活擺脫疲勞情緒

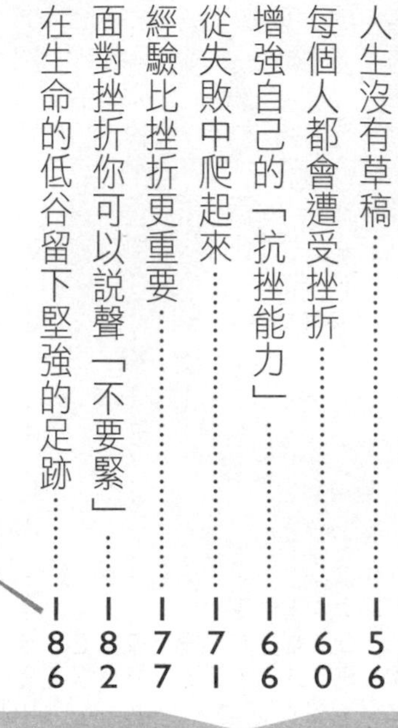

Chapter5 戰勝挫折，向前走要拋棄悲傷情緒

Chapter6 肯定自己，做人不要有自卑情緒

Chapter7
管理情緒，自己才是情緒的主人

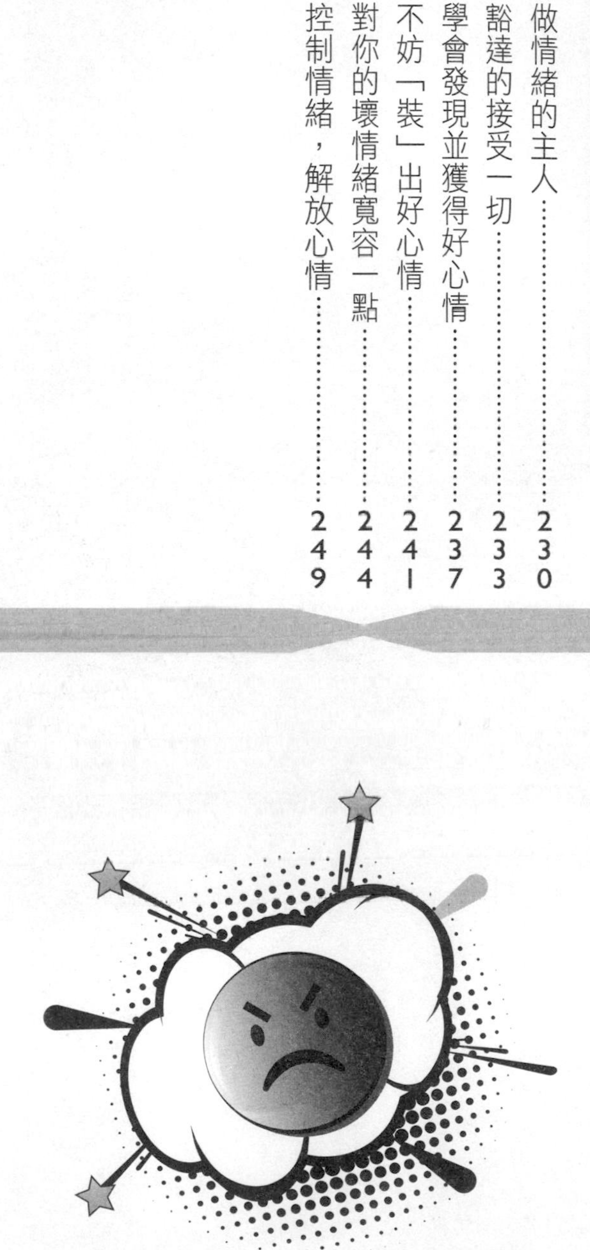

別讓自己不高興
50條不生氣法則

Chapter1 正視情緒，因為情緒改變人生

人生，需要固守一份好心情。人生就像天氣，有陰天、雨天、晴天，我們無法改變大自然永恆規律，只有懷著一顆坦然之心……當我們始終保持一份良好的心境，才能發現生活中不是缺少美好，而是缺少享受美好的一份心境。

Never underestimate your power to change yourself!

01 揭開情緒的神祕面紗

當你兢兢業業卻不被認可時，你是繼續忍氣吞聲還是據理力爭，或者乾脆炒老闆魷魚？當你一時衝動和愛人吵架時，你是先冷靜下來還是各不相讓的惡語相向以致感情破裂？當你苦口婆心開導孩子，而孩子就是不聽話時，你是保持心平氣和還是暴跳如雷，甚至拳腳相向？這些各式各樣的行為反應就是「情緒」！它像影子一樣時時刻刻與我們相隨。

心理學認為：情緒是指伴隨著認知和意識過程產生的對外界事物的態度，是對客觀事物和主體需求之間的關係的反應。包含情緒體驗、情緒行為、情緒喚醒和對刺激物的認知等成分。

人是一個極其複雜的機體，七情六欲，人皆有之。喜會手舞足蹈，怒會咬牙切齒，「憂」會茶飯不思，「悲」會痛心疾首。

情緒總能夠以很快的速度形成，快到我們甚至無法察覺，這種速度能夠在危急時刻救我們一命，也能夠在一瞬間破壞我們的生活。

每天早晨，生活在德國的一位猶太傳教士總是按時到一條鄉間土路上散步。無論見到任何人，他總是會熱情地打一聲招呼：「早安。」

其中有一個叫米勒的年輕農民，對傳教士這聲問候卻反應十分冷漠。

但年輕人的冷漠，卻未曾改變傳教士的熱情。每天早上，他仍然會對這個一臉冷漠的年輕人道一聲「早安，米勒先生。」

終於有一天，這個年輕人脫下帽子，也向傳教士道了一聲：「早安。」

好幾年過去了，納粹黨上臺執政。

有一天，納粹黨將傳教士與村中所有的人送往集中營。

在下火車、列隊前行的時候，一個手拿指揮棒的指揮官，在前面揮動著棒子，叫道：「左，右。」向左走的人前面是死亡之路，向右走的人則還有生還的機會。

指揮官點到了傳教士的名字，傳教士渾身顫抖地走上前去。

當他無望地抬起頭來時，眼睛卻和指揮官的眼睛對上了。

傳教士習慣地脫口而出：「早安，米勒先生。」

雖然，米勒先生的表情沒有變化，但仍禁不住還了一句問候：「早安。」聲音低得只有他們兩人才能聽到。

最後的結果是：傳教士被指向了右邊——生還者之路。

不同的情緒會產生不同的感受與結果。人是很容易被感動的，而感動一個人靠的未必都是慷慨的施捨。有時候，一句熱情的問候，一個溫馨的微笑，一個友好的動作，也會溫暖一個人的心靈，甚至能成為幫助自己走上柳暗花明之境的一盞明燈。

這就是情緒的力量，是情緒神祕之所在。如果戴著灰色眼鏡看世界，那麼你的世界必然也是灰色的；如果努力讓自己看向光明，那麼你的前途也是光明的。

在一個天似鏡，風如紗，竹濤陣陣，流水淙淙的日子裡，李白與阮籍同到神的腳下尋找快樂幸福之門。

那天，李白腰掛酒葫蘆，身著白青衫，胯下小毛驢，頂上飄飄髮，不時用手撫一下那長長的山羊鬚。而阮籍則坐在一頭老牛拉的破車上，車上的酒瓶東倒西歪，

頭髮淩亂如草，衣服上半顆扣子也沒有，只用一根樹枝掛住，看起來非常落魄潦倒。

他們跟著神來到了一個房間，神各給他們一只裝有半壺酒的破耳壺。阮籍搖一搖又往壺裡看一眼，歎氣道：「神怕是偏心這西域浪子，我只有半壺酒，他卻有一壺吧！」李白笑了笑：「神看來是對我們很好呢，我有大半壺仙酒，這味道一定美極了！」

神饒有興趣地看了兩人一陣子，微微一笑。然後，把他們帶到一個岔路口，讓他們各自離去。

李白走的那條路荆棘叢生，泥淖的山石路還弄傷了小毛驢的腳，他從驢身上掉到了泥水中，青白衫頓時一片黃一片黑，鳥兒從樹叢中驚飛。他哈哈一笑：「這回酒可醒了，可以好好走路，再說，六隻腳總比四隻跑得快。」他又喝了一口酒。

走了不久卻碰到斷崖，無路可走了。他吟了一句：「天生我材必有用，千金散盡還複來。小毛驢，你可不必受我壓迫了，有緣再會！」說罷便開始動手往山上攀爬。

而此時的阮籍正對著他那半壺仙酒歎氣，突然一隻猴子搶走了他用來遮風擋雨的破帽。他為了搶回帽子打翻了大半壺的酒，人也跌倒在路旁，棘刺刮破了皮肉，鮮血直流。

他又歎：「唉！天不助我呀！」爬上車未走多遠，斷崖在眼前出現了。他頓時悲從中來，憶起傷心往事，哭天搶地喊了起來：「叫我如何是好，如何是好……」頓時眼前一黑的暈倒在車上。

李白歷經艱辛，終於爬到了山上，眼前是一片從未見過的美好境地：金色的樹枝，寶石的果子，銀白的葉片，雲霧繚繞，花影叢叢。不遠處，神正笑著對阮籍說些什麼，李白也來到了神的面前。

神點了點他們的酒壺，只見一陣紅光閃過，兩人手中便多了一把鑰匙，一把刻著「悲觀」，另一把刻著「樂觀」，李白成功地打開了門，而阮籍則無語歎息著。

神笑著說：「樂觀是披荊斬棘的一把刀，悲觀則是人們前進路上的擋路石。你們也看到了各自的結果：樂觀，則幸福快樂；悲觀，則事無所成。」

神的一番話語，使兩人頓時豁然開朗。

情緒影響著你的行動，為你帶來不同的生活。悲觀的人，先被自己打敗，然後才被生活打敗；樂觀的人，先戰勝自己，然後才戰勝生活。在悲觀的人眼裡，原來可能的事也能變成不可能；而在樂觀的人眼裡，原來不可能的事也能變成可能。悲觀的人，即使所受的痛苦有限，前途也有限；樂觀的人，即使所受的磨難無量，而前途更無量。

喜、怒、憂、思、悲、恐、驚，此乃人之常情。正確調節自己的情緒並理解他人的情緒，可以讓生活順風順水；而錯誤表達自己的情緒，忽視甚至誤解他人的情緒，則可能招致不可估量的損失。

我們都嚮往幸福的生活，大多數人不願經歷痛苦、悲傷或是恐懼、憤怒。然而，我們的生活中不能沒有情緒，我們要做的只是如何能在情緒的世界裡生活得更好。

02 情緒決定命運

安東尼・羅賓有句名言：「你有什麼樣的感覺，你就有什麼樣的生活。」的確，人感覺到的，就是所擁有的，人感覺到的越多，所擁有的也就越多。

心態決定一切，這是生活的哲理。擁有好情緒，就是勝利的保證，樂觀的態度能指引我們更上一層樓，挑剔和抱怨不是我們面對生活的態度。每個人今天的命運狀況，或許都是自己昨天情緒的結果。

凱斯特是一名普通的汽車修理工，生活雖然勉強過得去，但離自己的理想還差得很遠，他希望能夠換一份待遇更好的工作。有一次，他聽説底特律一家汽車維修公司在招募工人，便決定去試一試。

他在那家汽車維修公司附近旅館的房間中，想了很多，把自己經歷過的事情都

在腦海中回憶了一遍。突然間，他感到一種莫名的煩惱：自己並不是一個智商低的人，但是為什麼至今依然一無所成，毫無出息呢？

於是，他拿出紙筆，寫下了四位自己認識多年、薪水比自己高、工作比自己好的朋友的名字。其中兩位曾是他的鄰居，已經搬到高級住宅區去了；另外兩位是他以前的老闆。

他捫心自問：與這四個人相比，除了工作以外，自己還有什麼地方不如他們呢？其實，他們實在不比自己高明多少。

經過長時間的反省，他終於找到了問題的癥結——自己性格情緒的缺陷。在這方面，他不得不承認自己比他們差了一大截。

現在已是深夜三點了，但他的頭腦卻出奇的清醒，覺得第一次看清了自己，發現過去很多時候都無法控制自己的情緒，例如衝動、自卑，不能平等地與人交往等等。

整個晚上，他都坐在那裡自我檢討。他發現自從懂事以來，自己就是一個沒有自信、妄自菲薄、不思進取、得過且過的人。他總是認為自己無法成功，但從未思考是自己的性格方面造成無法成功的原因。於是，他痛下決心，要保持積極向上的心態，一定要完善自己的情緒和性格，好彌補自己在這方面的不足。

第二天早晨，他滿懷自信地前去面試，也順利地被錄取了。在他看來，之所以能得到那份工作，與前一晚的感悟以及重新樹立起的這份自信很有關係。

兩年後，凱斯特逐漸建立起了好名聲，人人都認為他是一個樂觀、機智、主動、熱情的人。在後來的經濟不景氣中，每個人的情緒都受到了考驗，很多人倒在了情緒面前。而此時，凱斯特卻成了同行業中少數仍可以做到生意的人之一。公司進行重組時，還分給了凱斯特可觀的股份，並且替他加薪了。

的確，情緒對我們的生活和命運具有決定意義的影響。它會引導我們以現實、適當的方法做事，但有時也會讓我們做錯事而追悔莫及。

成功首先來自於自我情緒的完善，而非才能。美國心理學家南迪・南森指出：一般人的一生平均有十分之三的時間處於情緒不佳的狀態，每個人都不可避免地要與消極情緒做持久的鬥爭。

傑克是個多愁善感的小夥子，連葉落草枯都可能引起他的無限感觸。他常常一

言不發地凝神靜思，有時還莫名其妙地唉聲歎氣。

在長籲短歎中，傑克已步入中年。有一天，過了而立之年的傑克碰到一位心理學家。當心理學家聽他訴說了自己的苦惱後，一語道破了其中的原因：「你過去之所以從未快樂過，關鍵在於你總是把已經逝去的一切看得比實際情況更好，總把眼前發生的一切看得比事實更糟，總把未來的前景描繪得過分樂觀，而實際卻又無法達到。如此漸漸地形成了惡性循環，自然就鑽進『庸人自擾』的圈子了。」

心理學家說：「人的性格弱點就在於好高騖遠，總是向世界提出不切實際的要求，可是你並不清楚那是無法達到的。你想片刻之間就解決人生的全部問題，自然就對昨天、今天和明天產生許多憂愁了。」

這世界上成功的人永遠是少數，成功者越活越充實，失敗者卻越過越艱難。而你想過沒有，成功與失敗的關鍵就在於是否有一份健康的情緒。張繼落榜，白居易被貶，陶淵明棄官，似乎成功的大門已在他們面前關閉，但他們都發現了那扇引領他們走向文學輝煌的窗，推開窗，別有一番天地。

其實，有時候我們遇到困難並不意味著窮途末路，就好比花朵的變化，今天枯敗的花朵蘊藏著明天新生的種子。同樣，今天的悲傷也可能預示著明天的快樂。現代社會的競爭是異常激烈的，保持好情緒尤為重要，只有擁有一個好情緒才能開始一次心胸暢達的航程。

03 情緒與身心健康密切相關

要是心情愉快，健康就會常在；要是心境開朗，眼前就是一片明亮；要是經常知足，就會感到幸福；要是不計較名利，就會感到一切如意。

情緒是什麼？情緒是人對客觀事物的反應，是主觀對客觀感受的外在表現。如果我們想掌握生命的主動權，就必須保持一份好心情和樂觀向上的精神狀態。一份情緒寓於一種精神，好情緒可以傳達力量，充盈鬥志，書寫不同的人生「劇本」。

尼古拉·奧斯特洛夫斯基是蘇聯著名的作家，他出生在烏克蘭一個貧寒工人家庭，十歲左右就開始打工謀生。他曾幫人家牧馬，在車站食堂當小夥計，在發電廠當助理司爐，貧困屈辱的生活，培養了他對舊世界的仇恨和反抗性格，但是並沒有讓他對生活失去希望。

由於工作需要，他不得不長時間泡在齊腰深的冰水中，這導致他風濕病越來越嚴重，並日趨惡化，直至全身癱瘓，雙目失明，甚至完全失去了活動能力。

然而他卻絲毫也不悲觀消沉，「只要心臟還沒有停止跳動，就要使自己成為一個有用的人」。他躺在病床上還學習文學創作，他認為他這才找到「進入生活的入場券」，並最終寫成了《鋼鐵是怎樣煉成的》這部激勵了無數人的長篇巨作。

情緒能給人精神力量，可以彌補身體的缺憾，增強心靈的健康程度，增添生命的意義。前蘇聯生理學家、諾貝爾獎獲得者巴甫洛夫曾說過：「愉快可以使你對生命的每一跳動，對於生活的每一印象易於感受，不論軀體和精神上的愉悅都是如此，可使身體發展、健康。」

現代醫學和心理學的研究成果表明，情緒不僅影響人的心理健康，且可直接影響人的身體健康。一個人若心情愉快、舒暢，生活態度樂觀、豁達，則人體免疫功能活躍、旺盛，可以減少疾病感染的機會。而異常的精神活動，可使情緒失控而導致神經系統功能失調，引起人體內陰陽紊亂，進而百病叢生。所謂怒傷肝，思傷脾，憂傷肺，恐傷腎。

世界醫藥學的鼻祖、希臘著名醫生希波克拉底也曾說：「軀體本身就是疾病的良醫。」愉悅的心情，會給人以正面的刺激，可減輕病情，有益於健康；而苦惱消極的情緒，則會給人一種負面影響，並誘發各種疾病，進而使已有的病情惡化。

醫學上，很多例子都能證明這點。在美國休斯頓有個腫瘤專家，每在治療病人之前，他總是娓娓動聽地向病人預言好結果，並能使他們深信不疑：自己一定能戰勝疾病。他還會把病人帶去見那些罹患過同一種疾病，並且已經治癒的患者，結果確實能夠起死回生。

而另一所醫院卻出了大問題，醫院麻醉師的手下，原先從未有病人因麻醉致死的事情發生。可是這次病人正處在正常麻醉狀態，手術也非常順利，突然，病人心臟停止了跳動。原來，該病人在手術前聽說麻醉可能使人喪命。

科學家們還發現，經常發怒和充滿敵意的人很容易罹患心臟病。哈佛大學曾經調查了一千六百名心臟病患者，發現他們當中經常焦慮、抑鬱和脾氣暴躁者比普通人高三倍。某研究機構追蹤一百二十二名心臟病患者八年，結果發現最悲觀的二十五人中，有二十一人死亡；最樂觀的二十五人中，僅有六人死亡。

心理學家做過這樣的實驗：在收集人們在不同情況下所呼出來的氣，包括悲傷、悔恨、憤怒或平靜、感恩、快樂……若是心平氣和時，所呼出來的氣與測試的實驗水混合沉澱後，則仍顯現得無雜色，一樣的清澈透明。可是，悲痛時所呼出來的氣在實驗後卻呈現白色。生氣時呈現的是紫色。而將生氣時呼出的氣體溶於水中後，再將溶液注射到小白鼠的體內，發現小白鼠在一段時間後就死亡。

專家進而分析認為：如果一個人生氣十分鐘，其所耗費的精力，不亞於參加一次三千公尺的賽跑。所以人有不良情緒時，如果不能保持心理平衡，這時體內還會分泌出帶有毒素的物質，對健康極為不利。由此可見，情緒作用對我們的身心健康是何等的重要。

「笑一笑，十年少；愁一愁，白了頭。」生活中，我們不可避免會遇到失意、困難或險境，進而產生煩惱、痛苦、憂傷、憤怒等各種各樣的消極情緒。我們應採用適當的方法和途徑，合理宣洩，消解不良情緒，重拾一份平和、快樂的情緒，充滿健康的活力。

04 好情緒帶來最佳狀態

現實生活中充滿了各種機會，人人都希望自己有一番大的作為。但是，機會並不意味著成功，每一個機會，事實上都是一種挑戰，就看我們能不能用一份健康的心態來面對這些挑戰。無論個人或企業都想擁有良好的競技狀態，並最終佔據成功的制高點，因此我們必須帶著一份好情緒上路，這樣才能事半功倍。

微軟是一家在IT行業遙遙領先的公司，它以不斷進步的技術和更先進的產品，滿足著客戶的需求，制定並左右著市場競爭的未來規則。而事實上，推動微軟持續進步和發展的，則是蘊藏在微軟公司內部的一種追求成功和創新的人氣、情感和情緒。

誠實守信，公開交流，尊重他人，與他人共同進步；勇於面對重大挑戰；對客戶、合作夥伴和技術充滿激情，是微軟公司的核心價值觀。公司裡的每一個人都可以主導自己的工作，人人平等，資深人員也沒有「特權」，依然要自己回電子郵件，自己倒咖啡。

微軟還實行「開門政策」，即任何人可以找任何人談任何話題。一次，有一個新員工開車撞到了比爾．蓋茲停著的新車，她嚇得問上司怎麼辦，上司說：「妳發一封道歉的電子郵件就好了。」不到一小時，比爾．蓋茲不但回覆了她的郵件，還告訴她別擔心，只要沒傷到人就好，並且歡迎她加入公司。

鮑爾默的加入無疑為微軟注入了更多的活力與激情。無論是在公共場合發言，還是平時的會談，或者對員工講話，他總會把一隻握緊的拳頭往另一隻手上不停地擊打，並以一種高昂的語調爆發出來。他一上臺，就向媒體宣稱要用激情主義在合作夥伴、客戶和業界同仁中塑造微軟誠信的商業新形象。他的「激情管理」給了人們信任、激勵和壓力。

正是因為擁有良好的企業氛圍和成功的情感管理，才使得員工們一想到工作就覺得開心、快樂、喜悅，願意並且能夠在企業的平臺上不斷自我成長，在工作中獲

得超越工作本身的價值與意義，並且把這種企業的使命感與情感傳遞到市場上去。

當他們在工作中得到滿足感、尊重感、成就感時，他們就會全心全意地用同樣的情緒和情感服務好企業的客戶。這樣，一個充滿信任、支援、幫助、愉快、分享、激情和創造性的企業情緒和情感鏈條就建立和運轉起來了，公司業績也必會越來越好。

我們可以把這些向上的、發自內心的、無形的，同時又決定著企業命運的東西，總結為「企業積極情緒」。如果說硬體是企業的肌體，軟體是企業的血脈，而那看不見、摸不著卻又真實存在於企業內部的情緒則是企業的「氣」。意氣風發、精神抖擻、群情激昂，企業方能同心同德、上下同欲、戰無不勝；反之，企業則會士氣低落、萎靡不振，最後以失敗告終。好情緒傳遞活力與鬥志，好情緒鋪開競技的最佳狀態。

05 壞情緒容易導致失敗

壞情緒常常在不經意間來到我們的身邊。對個人而言，輕則破壞我們良好的心境，重則破壞人與人的關係，甚至傷害他人；對團體而言，壞情緒往往相互感染，破壞團隊的凝聚力，把團隊引進壞情緒的包圍圈，讓我們遭遇失敗。

生活中，我們經常見到有人發脾氣，也經常看到有人因為發了脾氣而把事情搞得一團糟。其中的原因不是這個人的能力不夠，更不是這個人缺乏溝通的能力，而是因為這個人百分之一的壞情緒，導致了最後百分之百的失敗。

美國石油大王洛克菲勒在某案件受審時，因在面對對方粗暴的詢問時一直保持平和甚至不動聲色的態度，最後使他贏得了這場官司。而他的對手卻是因為無法控制這百分之一的壞心情，導致了最後的失敗。

對方的律師在法庭上詢問的態度明顯地懷有惡意，「洛克菲勒先生，我要你把某日我寫給你的那封信拿出來。」

這封信是質問關於美孚石油公司的許多內幕的，洛克菲勒知道，這個律師是沒有權力來質問這件事情的。不過洛克菲勒並沒有進行任何的反駁，只是靜靜地坐在自己的座位上，不做任何表示。

法官開始發問：「洛克菲勒先生，這封信是你接收的嗎？」

「我想是的，法官先生。」

「那麼你回那封信了嗎？」

「我想沒有。」

這時法官又拿出許多別的信件來，當場宣讀。

「洛克菲勒先生，你能確定這些信都是你接收的嗎？」

「我想是的，法官。」

「那你說你有沒有回覆那些信件呢？」

「我想我沒有，法官。」

對方律師開始插嘴：「你為何不回那些信呢，你認識我，不是嗎？」

「是的，當然，我想我從前是認識你的。」

此刻，對方律師心情已經糟透了，甚至有點開始暴跳如雷，而洛克菲勒卻還十分鎮定地坐在那裡。全場鴉雀無聲，除了對方律師的咆哮聲。

最後，對方律師控制不住自己的情緒，不小心把真相說漏了嘴，結果可想而知。而洛克菲勒不僅贏得了官司，還在美國人眼中，留下了優雅的形象。

其實對方律師技術並不是不好，證據也並不是不充分，他們僅是輸在情緒上。一個律師最重要的是要處變不驚，沉著應對各種問題，即便出現了自己不可控制的局面，也不能一時情急而把重要的事實洩漏了，這樣不僅會給委託人帶來重大的損失，也會讓自己的聲譽蒙上陰影。試想，如果對方的律師能夠控制好自己的情緒，那麼他有很大可能會獲得勝訴的。

芝加哥第一國家銀行董事會會長維特・摩亞說過，「如果某人情緒不穩，甚至怒不可遏，我總覺得對於我自己來說不但沒有壞處，更會對我的地位產生幫助」。不要因為別人發怒，你便怒不可遏，那才正是你應當平和的時候。

當然，每個人都是有感情的，不可能像木頭人一樣沒有情緒，也不可能一直保

持冷靜的頭腦。不過當你想發怒的時候，先想想這種爆發會產生什麼影響，是否會有損於你自己的利益，那麼你也許就會好好約束自己，控制自己的情緒了。

如果人們在事業長跑中無法保持一種健康的情緒，最終將無法觸摸到成功的終點線。並非他們才智平庸，也不是時運不濟，與其說他們是在與別人的競爭中失利，不如說他們輸給了自己不成熟的情緒。

然而，控制壞情緒並不是說要壓制一個人的情感，情緒波動和產生負面情緒都是很正常的，重要的是如何將這種情緒合理化，正確地釋放和轉化，以不影響我們的正常生活和工作。

當壞情緒來襲時，我們應以理性克服情感上的衝動，選擇在一個在恰當的場合以一種恰當的方式發洩出來，或是轉移自己的注意力，去參加適當的體育運動，也不如到遠處去走走放鬆自己的心情。放開那些無謂的束縛，讓自己的心靈解放，自在地飛翔。

06 探究你情緒背後的意義

有一天，一位村民看到死神前往一個村落，他小心翼翼地詢問死神前去的目的，死神面無表情地回答說：「我要到前面的村落取走一百條性命。」

村民聽完立刻拔腿奔跑，以最快的速度趕到那個村莊，他不辭辛勞地告訴每一個人，要大家小心，因為他不知道死神會帶走哪一百個人。

第二天早上，死神鐮刀的光影映照著那純樸的村落，當死神踏進村莊時，這位好心通報的村民卻堵在死神前面，帶著不滿的口氣說：「你騙我，你昨天明明說要帶走一百個人的性命，可是為什麼昨晚村子裡卻死了一千多人呢？」

死神心平氣和地說：「年輕人，我說一百人就是一百人，昨晚死的人只有一百人是我名單裡的，其餘都是被恐懼與焦慮帶走的。」

這只是一則寓言，也許大家覺得有點誇張，而下面則是一個發生在美國的真實案例。

尼克是美國的一位鐵路工人。有一天，他奉命去檢查一節有冷凍功能的火車車廂時，不小心被鎖在車廂內。在經過一陣呼喊以後，都沒有人聽到他求救的聲音。他發現空氣越來越稀薄，而冷凍的作用也讓他越來越覺得寒冷，尼克只好將身體蜷在一起，把衣領拉得更高……

當其他人發現尼克時，已經回天乏術，他被「凍死」在車廂裡了。但是，令人疑惑的是，那節車廂的冷凍功能其實是故障的，尼克只是被自己的恐懼情緒所殺害。

人們在與外界的交往中，情緒也隨之變化，有時候我們會興奮、高興、愉悅、自在、放鬆，有時候我們也會感到恐懼、悲傷、抑鬱甚至產生敵意，它們不只會影響到我們的人際關係與工作表現，更可能會危及身體健康與生存安全。社會上有著這樣一種說法：好的情緒帶你進天堂，壞的情緒帶你住牢房，甚至會住進十八層地獄！

古代阿拉伯學者阿維森納，曾把一胎所生的兩隻羔羊置於不同的外界環境中生活：一隻小羔羊隨羊群在水草地上快樂生活；而在另一隻羔羊旁拴了一隻狼。這隻羊總是看到自己面前那隻野獸的威脅，在極度驚恐的狀態下，根本吃不下東西，不久後就因恐慌而死去。

從某種程度上說人類的恐懼、嫉妒、敵意、衝動、憤恨等負面情緒都是一種毒素，長期被這些心理問題所困擾，就會導致生理上的疾病。只有學會控制管理好自己的情緒，才有可能長命百歲。有這樣一則堪稱「神奇」的故事：

一對英國的夫妻在做年度身體健康檢查時檢查出太太得了乳癌，先生得了前列腺癌，並且還有著嚴重的心臟病，主動脈血管有三分之一被阻塞，醫生預估這二人的壽命都只剩半年。

不過，這對夫妻並沒有因此而唉聲歎氣，他們決定好好度過剩餘的歲月。於是他們在白紙上寫下最後想完成的五十件事，然後他們賣掉了倫敦的房子，將這筆錢用在環球旅行上。

在旅行過程中，他們幾乎忘記了生病這一回事，也格外珍惜每一天，開心地享

受兩人獨處的甜蜜，就好像回到初戀時一樣，連旁人看了也羨慕不已。

半年後，他們回到了倫敦。又再到同一家醫院做進一步檢查時，奇蹟發生了，醫生驚訝地發現二人的癌細胞已經大幅減少，連丈夫的動脈血管阻塞也好了許多，這個結果讓醫生感到匪夷所思。

後來，醫生認為這是積極的情緒所產生的作用，快樂的人腦內會分泌一種安多芬，它會增加體內的淋巴球，進而增強對抗癌細胞的能力，讓人重新獲得健康。

有人說，積極的心態是創造人生，而消極的心態則是消耗人生，積極的心態是成功的源泉，是生命的陽光和溫暖，而消極的心態是失敗的開始，是生命的無形殺手。

所以千萬不要忽視情緒的力量，請察覺每一個情緒背後的意義，它可能是死神的召喚，更可能是改變命運之門的鑰匙。情緒就好像舞臺演出的背景一樣，使你的演出蒙上某種色彩。同樣的一幕演出，如果在灰暗的佈景下，可能意味著悲劇性的結局；而把這演出毫無更改地置於明亮的背景下，則可能被詮釋為輕鬆的小品。

那麼，我們要做的就是為每一個情緒負責，讓負面情緒減少、正面情緒增加，

不再出現負面情緒時做重大的決定；學習關心別人的情緒，時時心存感激，不忘欣賞生活的美好，讓每一天都過得有意義。

Chapter2 克服壓力，從心理消除焦慮情緒

今天，「壓力」全來了——學習上的壓力，家庭上的壓力，心理上的壓力，人際關係網上的壓力……壓力，是我們生活的一部分。那麼如何對待壓力，克服壓力呢？

Never underestimate your power to change yourself!

07「焦慮」是現代人的心病

不知從何時開始，人們因為芝麻大的事情也能被搞得坐臥不寧，就如同「風聲鶴唳、草木皆兵」這句話說的一樣。焦慮，這種過分的擔憂和不安，已經成為現代人普遍存在的「心病」。

有人說，現在是一個「焦慮」的時代。一項調查曾顯示，百分之三十四的國人經常存在焦慮情緒，百分之六十三的人偶爾焦慮，只有百分之一的人表示從來沒有過焦慮，從中我們可以看到問題的嚴重性。

多數人生活的常態已變成「有壓力覺得累，沒壓力覺得可怕」這種情況了。現代的人們為了生計，不得不辛苦奔波，進而給自己製造了很多的壓力，大家普遍認為「時時爭得上游」才是到達幸福彼岸的唯一途徑。

現在社會的殘酷競爭無時不在、無處不在。人們工作透支、情感透支，出現了

學業與就業、工作與家庭、物質與精神收獲等諸多矛盾，以致他們對即將發生的事情缺乏判斷，覺得自己根本找不到解決問題的方法；把握不住瞬息萬變的社會，完全不知道將來會發生什麼事情；對自己要求過高，又因為達不到要求而充滿自責。

人們天天疲於奔命，卻依然會陷入顧此失彼的境地。於是，他們開始擔心事業失敗，擔心失業隨時可能降臨，擔心失戀，擔心發生交通事故，擔心自己會得癌症或別的什麼重病，擔心自己沒有購屋能力或是將來漲價了更買不起……人們陷入了毫無理由的杞人憂天心理中而無法自拔。久而久之，人們開始了與焦慮症的持續搏鬥。

美國著名學府哈佛大學一度最受歡迎的選修課竟然是「幸福課」，聽課人數超過了王牌課「經濟學導論」。而教授這門課的是一位名不見經傳的年輕講師，名叫沙哈爾。沙哈爾在一週兩堂的「幸福課」上並沒有大說特說該如何成功，而是深入淺出地教他的學生：如何更快樂、更充實、更幸福。

沙哈爾說道：「在哈佛，我第一次傳授積極心理學課時，只有八個學生報名，其中，還有兩人中途翹課。第二次，我有近四百名學生。到了第三次，當學生數目達到八百五十人時，上課開始讓我感到緊張和不安，特別是當學生的家長、爺爺奶奶和那些媒體的朋友們，開始出現在我課堂上的時候。但是，我知道我不能因為我的焦慮而影響到我的教學品質，我從心理上、身體上多方面克制自己，並且多在人多的地方說話。這樣，當時間長了，我上課的這種緊張和不安感自然而然也就被消除了。」

校刊和《波士頓環球報》等多家媒體，報導了積極心理學課在哈佛上課熱烈的情景，使得沙哈爾成了「哈佛紅人」。

「幸福課」為何會在哈佛大受歡迎，現代人們的物質生活大大豐富，可為什麼還是不開心呢？但是，其實就連沙哈爾本人也曾經不快樂了三十年。

他在哈佛從本科讀到博士，成為三名優秀生之一，他曾被派往劍橋進行交換學習，還是個一流的運動員，在社團活動方面也很活躍。但這些並沒有讓他感到持久的幸福，他承認自己的內心並不快樂。

「最初，是我的經歷引起了我對積極心理學的興趣。我開始意識到，內在的東西比外在的東西，對幸福感更重要。透過對這門學科的研究，讓我受益匪淺，因而我想做一名教師，把我所學的東西和別人一起分享。」

二〇〇四年是沙哈爾第二次開設「幸福課」，這年哈佛校報上有一篇報導：《學

校面臨心理健康危機》，標題下的導語說：在過去的一年，絕大多數學生感到過沮喪和焦慮。文章引述了一位學校舍區輔導員寫給舍區主管的信。

這位輔導員寫道：「我快崩潰了。」在他分管的舍區內，有二十個學生出現了心理問題。一個學生因為嚴重焦慮而無法完成學期作業；另一個學生因為精神崩潰而錯過三門考試……

哈佛校長見到了這封信後，強調該舍區的問題並不是特例。由此可見，在哈佛焦慮的學生人數之多。大多數哈佛學生還沒意識到。即使那些表面看來很積極、很棒的學生，也很有可能正在被心理疾病折磨著。即使你是他最要好的朋友，也未必意識到他有心理問題。

不止一位學生說：「在內心深處，我經常覺得自己會窒息或者死去。」他們總會時常不明原由地哭泣，總要把自己關起來才能睡覺。很多人為此看心理醫生，吃心理醫生開出的藥，甚至休學，但似乎並沒有什麼功效。他們都這樣描述自己：「我是一個成績優異的哈佛精神病患者。」

哈佛一項調查發現，越來越多的學生面臨心理健康危機。調查結果：過去的一年中，有百分之八十的哈佛學生，至少有過一次感到非常沮喪、焦慮。百分之四十七的學生，至少有過一次因為太焦慮而無法正常做事，百分之十的學生曾經考慮過自殺……

許多美國人都不明白為什麼自己越來越富有，卻還是不開心呢？在美國，據統計焦慮抑鬱症的患病率，比起六十年代高出十倍，焦慮抑鬱症的發病年齡，也從六〇年代的二十九點五歲下降到今天的十四點五歲。而許多國家，也正步往美國後塵。一九五七年，英國有百分之五十二的人，表示自己感到非常幸福，而到了二〇一五年，只有百分之三十六感到自己非常快樂了，但英國國民的平均收入卻是一九五七年時的四倍。由此可見，焦慮已經成為現代人生活的一部分。

當我們患上焦慮症後，會長期處於緊張和焦慮之中。這樣的擔憂會嚴重降低工作能力以及與他人相處的能力。這種獨立解決問題能力的下降，會使人的事業和家庭生活停滯不前，甚至出現惡性循環。

如果你感到全身乏力，生活和工作能力下降，有時候甚至連簡單的日常家務工作都沒辦法勝任，還時常伴有失眠、早醒或夢魘等睡眠障礙，你就要開始懷疑自己是否患上焦慮症了，並要及早治療。

真的患上焦慮症時，一定要找出產生「焦慮」的根源。「焦慮」一般產生於「不

確定的狀態」，而減少「不確定」的方法就是必須逼著自己「做決定」。一旦下了決心，你就可以清楚地知道下一步應該做什麼。然後就要勇敢地「放手去做」。

做任何事情都會面臨挑戰，有時出現緊張是很正常的，不要過多地去想結果。一般來說，我們最害怕的事往往也是最能從中獲取成就感的事，所以不妨用正面的情緒來看待這些事情。我們應該不斷地給自己心理暗示，這樣，才能變壓力為動力。

同時，我們還要多結交些性格開朗的朋友，多和自己的好朋友說說心事。在愉快的聊天聲中，他們的意見或想法就能夠幫助你減少壓力，進而避免由此而產生的焦慮。還有，適量地運動也有助於減壓，能抑制焦慮情緒的產生。當你發現有焦慮的「苗頭」時，不妨去室外打打球、跑跑步，就能防微杜漸了。相信只要能做到這幾點，焦慮的情緒是不會影響我們的。

08 長期焦慮危害身心健康

大多數人對「抑鬱」這一名詞已不再陌生，但另一種情緒障礙「焦慮」正在侵害現代人的身心健康。與抑鬱症患者所表現出的情緒低落、活力減退、做什麼事都沒興趣不同，焦慮症患者經常表現為心神不寧、煩躁不安、心跳加快、呼吸急促、入睡困難。長期性的焦慮可導致多種身體疾病，如高血壓、冠心病、胃腸疾病甚至癌症等。

從臨床表現來看，四、五十歲的更年期婦女所具有的焦慮特徵比較明顯。一些企業家因為工作壓力大，經常處於緊張狀態，也容易焦慮。

此外，像大學生一時找不到工作，戀愛中發生挫折，或是學業繁重，也有可能陷入焦慮。目前的研究發現，焦慮和抑鬱在遺傳、生化、免疫、內分泌、生理等方面既有聯繫又有不同。也有人說焦慮是抑鬱的前兆，很多人焦慮過度，就會發展成

抑鬱。

每個成年人時刻都面臨著來自事業、家庭、社會等各方面的壓力，所以更容易焦慮。最新的研究顯示：焦慮對於男性的危害不亞於高血壓，它使男性更容易罹患心臟病、心律失常以及其他一些疾病；同時焦慮也會使女性的壽命明顯地縮短。

美國流行病學研究所的伊克爾博士，對三千六百八十二名平均年齡在四十八到五十五歲的人進行了為期十年的追蹤研究。結果顯示：焦慮水平比常人高的男性，有大約百分之二十五患上了心臟病，而且他們的死亡率比正常人高百分之二十三。同時，這些男性中有百分之二十四的人患上一種容易使人抽搐和死亡的「心房纖維性顫動」的疾病。對於女性而言，這十年中焦慮水準高的女性的死亡率，比其他女性高了百分之二十三。

所謂焦慮，就是一種急切、煩躁的企盼，及期待的事情發生的心情。焦慮來源於急躁，也就是熱切的，渴望的，同時也有憂慮的意思。

人的思想是後天的產物，包含有一定的主觀因素，因此和自然規律存在差距。自然法則是不以人的意志為轉移的，因此人的某些思想有可能就是妄想、臆度。如果非要期待這些思想在將來發生，那只能使人處在長久的焦躁的期待之中。

有個相聲叫《扔靴子》，說的是一位老人在樓上的房客扔下一隻靴子後，一直在等待第二隻靴子而不得，以至於一夜沒睡。

老人的這種狀態就是焦慮。焦慮的產生源於以前的思維模式，也就說老人過去的經驗使他形成了下意識的條件反射。聽到房客上樓扔下第一隻靴子以後，心裡就開始期待第二隻靴子落下的聲音，這就是因思而慕，慕而不得，期待越來越久遠，也就形成了焦慮。

不必笑話這個老人，其實我們每個人都多多少少有類似的焦慮。過年放鞭炮的時候，聽到「轟」的第一聲以後，你是不是在內心期待著第二聲的炮響。一旦聽到以後是不是心裡很踏實？如果一直沒有聽到會不會心裡有種焦躁的感覺？

為了避免焦慮的產生，我們應該檢討自己固有的一些思維模式和情緒習慣，避免非此即彼極端的思維。當然最重要的是人應該多經歷磨煉，識多見廣了，就知道一種原因會有多種結果，也就不會鑽牛角尖了。例如說「有志者事竟成」、「皇天不負苦心人」、「善有善報」等等說教，其實都是不一定的。有的需要時間，所謂的時候不到，有的還需要其他條件。

焦慮是急切地企盼將來發生的事情，後來人們把焦急地害怕擔心將來發生的事

情，也歸到了焦慮之中。這種心態也是早期心理情緒創傷形成的條件反射和放大，形成絕對的「有因必有果」的情緒習慣。焦慮患者根本不去考慮條件變化對結果影響，以至於看到小苗頭、端倪就預想惡劣結果的發生，然後就陷入極大的驚恐痛苦之中。最著名的例子就是「杞人憂天」。這種焦慮持續久了，人就會悲觀抑鬱，病得更深。

臨床上很多人會以焦慮為主訴來求診，也有人以被診斷為焦慮症來尋求中醫治療。患者以年輕及中年女性居多。初期症狀有點類似中醫的髒燥，《金匱要略．婦人雜病脈症並治》：「婦人髒燥，喜悲傷欲哭，像如神靈所作，數欠伸。」嚴重的焦慮患者會間歇性出現莫名其妙的恐懼、害怕、緊張和不安，甚至產生瀕臨死亡感。患者擔心自己會失去控制，可能突然昏倒或「發瘋」。

同時，焦慮也是大學生中比較常見的情緒問題。不少學生在遇到學習成績不理想、失戀、生活受挫、家庭出現意外等刺激後，心理上無力承受由此帶來的壓力而出現劇烈情緒的反應。

焦慮在這些學生的行為上表現為，喪失學習和工作的興趣及動力，反應遲鈍，無精打采，拒絕交際，迴避朋友，並伴隨著食欲減退、失眠等不良反應。

大多數學生多少都有過這種消極情緒，但持續的時間比較短暫。當然，其中也有少數性格內向、孤僻、自尊心強、懷疑心重、承受挫折能力低的學生容易長期陷入焦慮狀態，導致焦慮性精神症的出現。有些患者因認為人生無味而有過自殺的念頭，甚至曾採取過自殺行為。

長期焦慮也會危害人的心理健康，也很容易轉為慢性焦慮，使人的意識範圍變得狹窄，認知評價能力無法正常展現。他們往往過高地評價別人而過低地評價自己，使人的情緒難以穩定，終日焦躁不安，自制力減弱，進而使人的人格結構遭到損害，易退縮，好幻想，過分膽怯或害羞。使人的心理反應過於敏感，經常猜疑或挑剔；使人的社會適應能力大大削弱。最終在生活上缺少主動性，以致喪失幸福感。

長期焦慮也會對生理健康造成危害。過度、長期的焦慮，是多種身心疾病的誘因之一。它在不同程度上破壞人的神經系統、心血管系統、消化系統、呼吸系統和內分泌系統的功能，對人的身體健康有著嚴重危害。

由此可見，焦慮情緒對人類健康的威脅是非常大的。要想在現代緊張而忙碌的生活中保持健康的身體，我們必須時常對我們的心境和情緒進行關注。研究顯示，焦慮常以疲勞、頭暈和心臟不適等病理方式表現出來。如果以上症狀長期存在，要及時求助於專業醫療機構，幫助我們做出準確的判斷，同時協助我們儘快擺脫焦慮的狀態。

如果產生了焦慮情緒，應正視事實，不要迴避，反省自己的生活方式與生活處境，並積極主動地尋求解決之道。

09「成功焦慮症」

許多人都在尋求成功之道，社會上各種學習班、培訓班比比皆是，似乎拿什麼證照，懂了電腦，會了英語就能為我們打開了成功之門。美國著名心理學家特爾曼對八百名男性進行了三十年的追蹤研究，發現成就較大的百分之二十與成績較小的百分之二十之間，最大的差別並不在於智力水準，而在於心理素質。

現代人對成功抱有很高的期待，一旦不能如意或落魄失意，他們就可能陷入一種欲罷不能的焦慮之中，這就是所謂的「成功焦慮」，也可以稱為「成功焦慮症」。

從醫學角度看，適度的焦慮原本不是壞事，它可以視同為一種憂患意識，能使人警醒、催人奮進，具有積極的意義。但過度的焦慮，就成了一種心理障礙，使人充滿了長久的、糢糊的憂愁和擔心。

一般的焦慮都有一定的誘因，「成功焦慮症」的誘因，主要在於社會意識對所

謂「成功」的片面認定與過度強化。人們耳目所及的能賺錢、賺大錢、名車豪宅、出人頭地、衣錦還鄉、名利雙收，通通都是「成功」的代名詞。當社會是一個崇尚奮鬥成功，以成敗論英雄的時代，在一般人眼中，人的價值就已經簡單到只用金錢來衡量的地步。

現代人要成功、要出人頭地、要出類拔萃的願望十分強烈，很難做到保持一顆平常心。長久下來，就逐漸讓人失去了體會生命本來樂趣的能力，使得許多人變得思維遲鈍，精神萎靡，內心緊張不安，這已成為現代人產生過度焦慮的重要根源。

曾經有過一個案例：一個年僅十五歲的農村女孩，下決心要以最快的速度賺一筆大錢，於是綁架了親戚家的孩子，以此勒索二十萬元。

是什麼讓一個純樸的農村女孩異想天開並因此發展為鋌而走險？「成功焦慮症」恐怕是一個主要的原因。

你是否意識到，人們也許都有某種程度的「成功焦慮症」——渴望擁有多種「身外之物」來證明自己成功的人。由於對成功抱有迫切的期待，他們整天和他們眼中的「成功人士」攀比。他們希望找到一種「成功學指南」進而找到出人頭地的捷徑，比其他人更風光、更成功，簡直如同吸毒的人上了癮一樣。於是，他們開始不滿足於自己現有的優越條件，陷在焦慮中無法自拔。

成功學書籍在大學的氾濫流行，從另一個方面反映出我們當前大學生缺少更高的價值取向。當自己的努力到達自己能力極限的時候，他們已心力交瘁。一旦看到別人比自己優秀、比自己更好、社交又如魚得水就心生妒忌甚至怨恨，等不及成功的如約而至，而渴望找到成功的小技巧，讓它提前到來。

毫無疑問，「成功焦慮症」不但無助於成功，反而會讓成功與我們漸行漸遠。那麼如何擺脫「成功焦慮症」的困惑呢？

為了避免「成功焦慮症」的侵擾，必須改變那種把所謂「成功人士」渲染成時髦而偉大的時代英雄的價值取向。要培養自己實事求是的成功觀念，做有遠見、有耐心、從容大氣又務實的人。

成功雖然有一些外在的評價指標，但更多卻取決於當事者的內在感受：一個人對自己的成功認可度，與他在事業上取得成就的大小，特別是所擁有物質財富的多寡之間，並無必然的聯繫。

我們應該建立起新的評價體系，即只要在自己的領域和地域，在不同層次和程度上做出成績，就應有自己的尊嚴和成就感。只要踏實而負責任地走好生活的每一

步，我們每個人都該認為自己是成功者。

總之，人應該學會享受生活，鬧中取靜。追求成功無疑應成為生活的重點之一，但它不應是生活的全部內容。在我們的時間計畫表上，不該遺忘親情、友情和愛情，也不能排斥健康的娛樂。事實證明，健康的娛樂和適度的體育鍛鍊，都能有效地舒緩焦慮症狀。同時也有助於人們消除疲勞。

只有拋開名利枷鎖，走向自然，擁有健康，做生活的主人而不為生活所奴役，才能使你遠離焦慮。記住：別讓「成功焦慮症」擾亂了自己。

10 不要預支明天的煩惱

從前，有一位小和尚，每天早上得清掃寺廟院子裡的落葉。尤其在秋冬之際，在冷颼颼的清晨起床掃落葉實在是一件苦差事。每一次起風時，樹葉總隨風飛舞落下。每天早上都需要花費許多時間才能清掃完樹葉，這讓小和尚頭痛不已。他一直想要找個好辦法讓自己輕鬆些。後來有個和尚跟他說：「你可以今天早上打掃時就用力搖樹幹，把落葉統統搖下來，這樣，明天早上就不會有樹葉了。」

小和尚聽了很贊同這個說法，於是第二天他起了個大早，使勁地猛搖樹幹，這樣，他就可以把今天跟明天的落葉一次掃乾淨了。這一整天，小和尚都非常開心。

第二天，當小和尚來到院子時，不禁傻眼了，因為院子裡如往日一樣是落葉滿地。

此時，有位德高望重的老和尚走了過來，「傻孩子，無論你今天怎麼用力，明

天的落葉還是會飄下來啊！」他意味深長地對小和尚說。

現實生活中也有很多像小和尚這樣的人，企圖把人生的煩惱都提前解決掉，以便將來過得更好、更自在，徹底地無憂無慮。而實際上，很多事是無法提前完成的。過早地為將來擔憂，除了於事無補外，只能讓自己活得很累、很無奈。「活在當下」說得還是有一定的道理的，就是指要努力過好現在。

如果想要使自己過得輕鬆，就不能預支明天的煩惱，不想著早一步解決掉明天的煩惱，應該努力把握好今天的事情。實際上，等煩惱來了，再去考慮也不遲。況且，明天的煩惱，你又怎能提前解決呢？更重要的是，有時候明天的煩惱往往是人們誇大想像出來的。

今天是無法解決明天的煩惱的。但是，只要保持堅強的心態，即便明天有任何困難出現，也可坦然去面對、解決。況且，再幸福的人也有煩惱，再不幸的人也有快樂。世間的每個人都有喜怒哀樂，抱著煩惱不放，就會把快樂丟掉。如果要選擇哭著活一天，還不如選擇笑著活一天，開開心心地過好今天才是最重要的。

土灰色的沙鼠是生活在撒哈拉大沙漠中的一種動物。每當旱季到來之時，這種沙鼠都要囤積大量的草根，以準備度過這個艱難的日子。沙鼠在整個旱季到來之前都會忙得不可開交，牠們滿嘴含著草根在自家的洞口上進進出出，辛苦的程度是可以想像的。

但是，即使沙地上的草根足以使牠們度過旱季，沙鼠也仍然要拼命地工作，必須將草根咬斷運進自己的洞穴，這樣牠們似乎才能心安理得，感到踏實。否則便焦躁不安，這是一個很奇怪的現象。

經過研究顯示，沙鼠完全可以不用這樣勞累和憂慮，這種現象是由一代又一代沙鼠的遺傳基因所決定，是出於一種本能的擔心。沙鼠經常做了一些相當多餘，又毫無意義的事情。可以說，沙鼠就是預支明天煩惱的典型例子。下面的這則故事也講述了同樣的道理，這是一個丹麥的民間故事。

有一個鐵匠，家裡非常貧困，因此他經常擔心：如果我病倒了不能工作怎麼辦，如果我賺的錢不夠花了怎麼辦？結果，他嚴重地預支了明天的煩惱，這些煩惱壓得他喘不過氣來，漸漸地他的身體也越來越弱。

有一天，他突然昏倒在街上，此時剛好有個醫學博士路過。博士在詢問了情況

後十分同情他，就送了他一條金項鍊並對他說：「不到萬不得已，千萬別賣掉它。」鐵匠頓時覺得沒有什麼後顧之憂了，於是高興地回家。

從那天以後，他不再像以前那樣經常考慮明天的煩惱，因為如果他實在沒錢了，就可以賣掉這條項鍊。就這樣，他白天踏實地工作，晚上安心地睡覺，也逐漸地恢復了健康。後來他的小兒子長大成人後，鐵匠家的經濟也寬裕了。

有一次，他把那條金項鍊拿到金子店裡估價，老闆告訴他這條項鍊是銅項鍊，而且只值一塊錢。這時，鐵匠才恍然大悟：「原來，博士是想治好我的病，而不是想給我一條金項鍊。」

我們可以從中悟出這樣的道理：預支明天的煩惱是徒勞無功的，做好今天的功課，就是對付明天煩惱的最好法寶。當我們把心頭的那個沉重包袱放下時，原來焦慮的那些令人不安的後果，往往也難以發生。

人應當做生活的強者，而不是逃亡者。遇山繞行、遇水改道只能從表面上暫時避開煩惱，並不能得到真正的解脫。遇到煩惱時不要害怕、不要退縮，只有遇山開路、逢水搭橋才能徹底解除心中纏繞的束縛，才能真正地解決問題。

大仲馬面對煩惱時可以平淡地說：「人生是串無數小煩惱組成的念珠，懂得人生價值的人，會笑著數完這串念珠的。」簡簡單單的一句話，卻道出了人生的真諦——笑對煩惱！人生有無數的煩惱：大至生老病死，小至柴米油鹽……當我們面對它們時，能否做到像大仲馬那般的坦然、那般的從容呢？

舉世聞名的拳王阿里在一九七三年三月底的一次拳擊比賽中，被名不見經傳的肯．諾頓打碎了下巴，以慘敗告終，輿論界大嘩、嘲諷、挖苦的信件雪片般飛來。面對這種煩惱，阿里表現得相當冷靜，重新認識自己失敗的原因。

他把這些意外的打擊變為行動的動力，毫不鬆懈地苦練。終於，他在洛杉磯的比賽中一拳打敗了肯．諾頓，重新取得勝利，並重新贏得了掌聲。我們不得不佩服他對待煩惱的樂觀精神和積極態度，也正是因為他的這種心態，才能在人生中取得成功。

如果我們想成為生活的強者，就必須笑對煩惱。因為微笑能保持在心平氣和的狀態中，也往往能找到解除煩惱的途徑，將生活中一個個「攔路虎」清除，把坎坷的小徑踩成一條康莊大道。

只有笑對煩惱，才能真正懂得人生價值。因為在煩惱面前，愈是悲觀逃避，就

愈使它變本加厲。而人生的價值在於拼搏進取，在於用自己堅強的意志去排除一切障礙。就像在風雨暴虐的大海上行船的人，如果他不敢與之抗衡，被暴風雨的氣勢所嚇倒，他就只有葬身海底的歸宿。

在我們的一生中，時時刻刻都會遇到不同的煩惱。但如果我們以逃避的方式面對煩惱，就只會終日在煩惱中掙扎；相反的，如果我們能以頑強的毅力、不懈拼搏和樂觀的精神面對煩惱，就一定能克服煩惱。請仔細體會一下大仲馬的話，它會讓你不再預支明天的煩惱，使你成為一個笑對生活的強者！

11 消除焦慮的程式

芳雅是一間著名公司的員工，但她最近總是吃不下睡不好，一天到晚老想著心事，處於一種焦躁不安的狀態，對做什麼事情都沒有興趣。一下子想著公司要精簡組織，自己會不會被裁員，一會兒又想著女兒今年要學測而擔心著她的考試……

芳雅的這種情緒就是一種焦慮的表現。焦慮是一種類似於擔心害怕的情緒體驗。對於焦慮者來說，往往並不是已經身臨困境或危險的境地，而是預感到有什麼不安的事情將要發生，或者對事情可能出現的各種後果把握不定。即使是大人物也會經常患有焦慮之病。

格蘭斯頓曾任四任英國首相，但他每次講演前都會失眠兩晚。他說，他一方面擔憂他該說些什麼話，一方面又要擔憂什麼話他不該說。

卡爾是美國一名著名的工程師，但是他有一次把一項工作搞砸了，讓公司造成巨大的損失。這一個挫折猶如當頭一棒，把他給打醒了。他覺得痛苦萬分，好長的一段時間都睡不著覺，且長期處在焦慮之中。

後來，卡爾知道不能一直這樣下去，他告誡自己這種憂慮是多餘的。於是，他開始平靜下來想著解決問題的方法，這種強迫自己平靜下來的心理狀態非常有用。三十多年來卡爾一直遵循著這種方法，遇到事情就命令自己「不要激動」，進而讓他再也不會處在焦慮之中了。

從某種程度上說，焦慮本身就是一種模糊不清的、莫名其妙的擔心，因此有焦慮感的人，最好能把自己的擔心對親朋好友傾訴出來。如果沒有合適傾訴的人，也可用筆寫在一張紙上。如此可有以下的效果：

可以將心裡混淆不清、心亂如麻的問題理出頭緒；原以為是重要無比的事情，卻可能讓你忽然覺得「不過如此」；原以為是不大的事情，竟是關鍵所在；冷靜面對，可以找出解決問題的對策。

如果我們遇到困難時只是一味地煩惱下去，就只會讓事情變得更壞。因為苦惱會破壞你集中思維的能力，你的思想會因為苦惱而不能專心，你也會因此而喪失當機立斷的能力。此時不妨冷靜地問自己：「這件事最壞又會壞到什麼結果？」當你答覆了這個問題後，你的焦慮就會消失了大半。然後，可以制訂一個行動計畫來代替你的焦慮。這種方法總共分為三個步驟：

第一步：冷靜地分析情況，設想已出現的困難可能造成的最壞結果。例如卡爾面對當時的情況，再壞也不會去坐牢，頂多辭職。

第二步：估計可能出現的最壞後果之後，應做好勇敢地承擔下來的思想準備。我們可以在心裡對自己說：「也許這一個失敗會在我一生中留下不光彩的一頁，進而影響自己，甚至丟掉工作。可是即使自己在這裡把工作丟掉了，還是可以在其他地方找到工作，這算不得什麼了不起的大事。」如果我們能這樣想的話，就會感到輕鬆多了，心裡也會出現從未有過的平靜。

第三步：心情恢復平靜之後，應再全心全意地投入到工作上，以儘量設法排除最壞的後果。

一位著名的心理學教授，他教導患者還可以使用「感知行為治療」來對抗焦慮。這種辦法的目的在於改變導致焦慮的思維方式。他建議如下：

1. 焦慮時問問自己，焦慮是否有效或無效

你的焦慮是否會在未來一、兩天帶來一系列行為？你會做些什麼來消除這種焦

慮？它會一項項地發展下去嗎？如果不是，這就是無效的焦慮。

2. 你是否願意接受不確定性

所有焦慮的核心問題之一，是你對待不確定性的態度。我對人們說的一件事情是在不確定的日子裡，想一下你做的所有事情：逛街，上餐館吃飯，對陌生人問好，搭電梯，搭飛機。這些都有不確定性，你沒有絕對的把握，願不願意接受。

3. 寫出自己的焦慮

不妨用三十分鐘寫下你的焦慮，然後放在一邊，這樣你就不會整天都悶悶不樂。這樣做的目的之一，不是讓你得到確定性而是感到厭倦。厭倦很有用，能讓你懶得去想。

4. 思考自己的焦慮範圍是否關係到你的生活

如果煩惱已經影響到你的工作、生活、學習、甚至家庭，就好好考慮一下，這樣有必要嗎？

5. 你如何對待失敗

焦慮者傾向於認為失敗是災難性的，他們往往相信如果想到失敗，他們就會失敗。其實，人們擔憂的絕大多數事情，往往不會產生太消極的結果。

6. 多利用你的情感，而不是焦慮

當你焦慮時，不妨多從家庭或朋友中尋找溫暖、尋找呵護，這種情感會在一定程度上減少你的焦慮。

7. 及時回顧一下

看看你以前擔憂的事情是否都產生了消極的結果。這樣你會發現，其實每次的結果並不會那麼可怕。

當我們焦慮時，不如敞開心扉，感受生活的多姿多采，化解焦慮，遠離焦慮。

12 用平常心打敗焦慮

現代社會，壓力越來越大，因而有很多讓人焦慮不安的原因。由於各方面的壓力，時代越來越要求人們不能失誤，當人們做錯事時就會自責、就會懊悔。

這種時代的緊迫感與自我要求的對應，常常使人忘記了自己是一個具有情感與缺陷的自然人。人不可能是萬能的，人就是人，切不可以把自己當作一個想為成就而活著的人，那是非常可笑而又失真的。不克服這一點，人會一直處在焦躁不安中，嚴重的還會過勞死。不如，用保持一顆平常心來對待一切，這樣就可以打敗焦慮！

持平常心處世，克服焦慮，必能立於不敗之地。別小看「平常心」這三個簡單字，但在生活中，卻是人人都難超越的一道牆。因為我們並不懂得何為真正的平常心，也不懂得怎樣來保持自己的平常心，更不懂得怎樣來利用平常心。

首先，平常心是一種心境，不僅是對待周圍的環境要做到「不以物喜，不以己悲」，更要對周圍的人事做到「去留無意，寵辱不驚」。只有在這種心境下才可能遠離焦慮，才能讓我們以一份平靜和諧的心態對待生活。

其次，平常心還是一種境界。慧能大師曾說：「本來無一物，何處惹塵埃」，他的這種超脫物外、超越自我的境界正是平常心最好的解釋。像慧能這樣的大師，他們不是「看破紅塵」，更不是消極遁世，而是表現出了一種積極的心態。以平常心觀不平常事，才會達到淡然處世的境界。

有人曾問過一個和尚：「和尚修行，還用功否？」

和尚回答說：「用功。」

「如何用功？」那個人接著問道。

和尚回答：「饑則吃飯，睏則即眠。」

「為什麼我和你一樣就不算用功呢？」那人非常奇怪地問。

和尚笑著搖搖頭：「我們和你當然不一樣了。你該吃飯時不好好吃飯，該睡覺時不好好睡覺，整天千種計較，萬般思量，心不寧靜，怎麼叫做用功？如何算得修行？」

真正的平常心就是享受生活中的平凡和簡單。只要能把心態放平穩，不被外界

的動亂干擾，就是擁有一顆真正的平常心。

一般來講，保持一顆好的平常心可以讓我們從中收益許多：

1. 平常心可以增加個人魅力

寬宏大量的人才會擁有一顆平常心。對待別人的錯誤或者是誤解往往都是淡然一笑，不予理睬。他們並不是看輕對方，而是一種無聲的諒解，他們在無形中對自己形象的維護達到了一箭雙雕的目的。因此他們的形象也在這種無聲的淡然一笑中漸漸樹立起來了。

當面對別人的讚揚時，還要保持一種平和的心態。不是斷然拒絕這種恭維，更不是欣然接受這種讚揚，他們僅僅想表現的只是自己這顆溫和的心，因此他們的人格魅力也會在對方心中留下深刻的印象。

2. 平常心可以給人誠信的印象

一般愛慕虛榮的人是沒有平常心的。他們每天為了張揚自己而說各種冠冕堂皇的話，做各種違心的舉動，久而久之就給周圍的人一種不誠實的印象。特別是在名和利面前，他們更是受不了誘惑，把持不住自己。

而擁有平常心的人則光明磊落，做事坦坦蕩蕩，不虛假也不掩飾，也不會在名利面前亂了手腳，去做一些有損名譽的事情。他們把名譽看得比什麼都重，更不會有意去損毀自己的名聲，因此這類人往往會給對方留下誠信的印象。

3. 有一顆平常心，可以讓我們正視自己的缺點和不足，並時時進行反省

擁有平常心的人會把一個真實的自己擺在周圍的人眼前，不會掩飾自己的缺點。他們希望周圍的人能幫他們挑出不足和欠缺的地方，他們懂得要時時進行自我反省，才能真正對得起自己。換句話說，他們能把自己看得很清楚，並不斷地進行自我審查，可以正視自己的缺點和不足。

他們遇到困難時會比較理智，一般很少犯錯誤。因為他們很瞭解自己，很瞭解自己的優點，也很瞭解自己的缺點，完全可以做到非常自然而不受任何約束。他們知道自己該做什麼，能做什麼，也知道怎樣做才更符合自己的個性。

4. 平常心可以讓你的生活充滿快樂

人的一生中，並不會一帆風順，有成功，也有失敗；有開心，也有失落。如果我們把生活中的這些起起落落看得太重，那麼生活對於我們來說都不會坦然，也會沒有歡笑。而如果我們能用一顆平常心來看待這一切，我們的生活就會充滿快樂，充滿著幸福的陽光。

5. 擁有平常心，可以讓你正確地對待失去的東西

「不要為打翻的牛奶哭泣」說的就是我們應該如何去面對已經失去的東西。失去的畢竟是失去了，不管如何為它們哭泣都不會再回來。如果我們用平常心來看待失去的東西，我們就不會哭泣。因為我們知道，一味地傷心流淚，再怎麼痛苦，失去的東西也不會回來的。平常心扮演了協調劑的作用，能讓我們很快地從失去的「陰影」中走出來，去追求下一個目標。

6. 擁有平常心，我們可以減少憂慮

由於現代的壓力太大，人們現在不僅僅是生理上有疾病，多多少少心理上還存在著一定的疾病，而心理上的疾病大多數是由憂慮所引起的。有些醫生指出，醫院裡一半以上病人的病情都是憂慮引起的，或者因憂慮而加重了病情。

在事情過去後，我們會發現之前憂慮的事情簡直是小題大做，甚至是荒謬可笑的，只是因為當時缺乏這種平常心的調節而導致心不平氣不和。例如說，有人會為幾乎不可能得的病、幾乎不可能發生的變故、幾千次交易中才可能發生一次的問題感到憂慮，其實這只是杞人憂天而已。

7. 平常心可以減少我們心中的仇恨

有時候，我們會因為別人對自己不尊敬或者不欣賞而憤怒，我們之所以會有這種感覺，是因為我們想在對方面前表現自己，或者是超越對方達到對方所沒有的境界。可是萬萬沒有想到的是對方竟然不給面子，因而使我們產生仇恨的心理。

如果我們具備了平常心，就不會因為別人的態度而影響到自己的心情，可以做到「寵辱不驚，去留無意」。這樣，就不會有那麼多的煩心事，也不會有那麼多的焦慮和仇恨了。

8. 擁有平常心，可以讓你更好地走向成功

一個人成功，在某種程度上來說其實是一個團體的成功。特別是在企業公司裡面，一個領導者的成功，必定少不了下屬的幫忙，因此如何做一個好領導者，成為了一個日益尖銳的問題。

經過研究發現，那些經常跳槽的員工最主要的跳槽理由並不是薪水的問題，而是領導者的問題。領導者的焦慮，甚至是不識賢人而任用庸人，導致最後的失敗，歸咎到底就是這些領導者沒有一顆平常心。如果這樣的領導者能以一顆平常心來對待手下，讓下屬們暢所欲言，讓部屬瞭解自己的缺點，並請他們彌補自己的不足，

這樣他一定是一位成功的領導者。

其實，平常心不過是「無為、無爭、不貪、知足」這樣的處世態度，也可以說是淡泊名利之心、忍辱之心和仁愛之心的結合。但這並不是說無所作為，真正的平常心是一種心境，一種境界。

另外，還有四種平常心的心態：為善不執、老死不懼、吃虧不計、逆境不煩。只要擁有了這些心態，生活就會平靜，焦慮也會被其打敗了。

13 用投入化解焦慮

我們都曾體驗過這樣的心態：當好長一段時間收不到戀人的回信時，就會開始作多種假設，接著是胡思亂想，情緒低落，什麼都不想做。面對即將來到的求職面試或升學考試，心裡害怕失敗，焦躁不安，怎麼也放不下心來。從未出過遠門的孩子，一下子考到了外地上學、生活，當媽媽的就老是擔心孩子是否適應和順利，開始是叨念，不久後變得煩躁，坐立不安，甚至出現了失眠……這些都是我們在日常生活中常見的一種情緒狀態——焦慮。

焦慮表現為一種不輕鬆的主觀感覺，也可以表現為緊張、憂慮、坐立不安的一系列行為，還可以表現為心跳加快、呼吸急促、肌肉緊張等腦神經功能紊亂引發的症狀。焦慮是一種以內心緊張不安，預感到不祥的事情即將發生，而又難以應對等為主要特徵的負面情緒狀態。

很久以前，有一個富翁帶著許多金銀珠寶到遠處去尋找快樂，可走過了千山萬水也未找到快樂，他焦慮地坐在山道旁。這時有個農夫揹著一大捆柴從山上走下來，富翁便問農夫：「我是一個令人羨慕的富翁，可是為何老是焦慮重重呢？」

「其實，適當地放下就不會焦慮了啊！」農夫說。

富翁聽了頓悟，開始行動，用珠寶接濟窮人，慈悲為懷。在行善過程中，富翁慢慢地化解了焦慮，在給予別人快樂的同時也找到了自己的快樂。

當我們焦慮不快樂時，不如付諸行動，在行動中化解焦慮，尋找快樂。

瑪麗是個成績優秀的中學生，但是她特別害羞，上課總不敢舉手發言，每次當著眾人的面說話就臉紅。

語文老師為鍛鍊瑪麗的膽量，特意指定她參加學校即將舉行的一次演講比賽。瑪麗一聽，心裡開始發慌，她想：「要我當著這麼多人演講！可是我連平常一說話都臉紅，現在這不是讓我公開出醜嗎？」

這樣憂心忡忡地過了好幾天，瑪麗轉念一想：「與其這樣天天憂慮著，還不如做些準備，說不定到那天比賽時也能講好呢。」於是，瑪麗以後天天要打開答錄機，然後對著鏡子練習說話。從鏡子裡她能看到自己的表情如何，而從錄音中，她分析自己的語氣、語調裡有哪些要改進的地方，還請媽媽給她建議。

這樣練了幾天，瑪麗漸漸感到自己有信心了，同時也不焦慮了。最後，她在演講比賽中也取得了優異的成績。

從這個故事我們可以看出瑪麗一有空就做演講練習，這樣就沒有時間去憂慮。還有她透過為演講做準備，使自己在不斷進步中克服了膽小、易焦慮這個毛病。當我們焦慮時，不能只是焦慮，還要付出行動去克服它。

某知名心理學家曾經對某次體操比賽中，得勝者和失敗者在賽前的焦慮程度做過調查，結果發現他們都一樣焦慮，但是差別在於他們應付焦慮的方式不同。那些後來表現較差的運動員只懂得擔心，總是想像自己如何表現不好，進而陷入近乎於恐慌的狀態。而那些後來獲勝的運動員則一般都不去想自己的焦慮，而只是集中精力於他們必須要做的準備上。成功者善於把事情分成一系列細小的步驟，逐步達到目標，進而克服焦慮。

在成功的道路上，焦慮情緒會成為絆腳石，如果不及時清理，將會是一個很大的隱患。因為這些焦慮情緒在累積到一定的時候，就會引起所謂的心理障礙。此時，你的精神，甚至是思想都會處於崩潰邊緣，連日常生活都無法維持。

讓我們保持樂觀態度，擁有健康的心情，來化解焦慮情緒。並且學會在行動中化解焦慮，過濾自己的心情在思想上裝一個「閥門」，遇到焦慮情緒就阻止它進入自己的思想，而絕對不能放任自流。

14 用積極的心態解決難題

當我們在同一個花園裡，對同一朵玫瑰花觀察時，在不同的心境下看到的花兒也是不一樣的。積極樂觀的心態會看到美麗的花瓣和清晨晶瑩的露珠；而悲觀消極的心態則看到花下傷人的尖刺和感到清晨微冷的天氣。

如果我們能保持積極樂觀的心態，這樣總是能看到更好的情景。在好心情下，就能夠處處順心，做什麼都遊刃有餘。而在悲觀厭世的心態下，總是看到那些令自己討厭的情景。在惡劣的心情下，又怎麼能夠順利地完成工作呢？

俗話說，「人倒楣喝水也會塞牙縫」。但水是不可能塞牙縫的，不過是人的主觀感受罷了。心情不好自然看到什麼都覺得不好，做什麼都覺得不順利，自然就有了「屋漏偏逢連陰雨，船破又遇打頭風」的主觀感受。

由此可見，保持一顆積極樂觀、充滿熱情的心，有時候能讓做事更加順利。一

個人如果有高度的熱情、積極的心態、必勝的信念，那麼還有什麼他辦不到的呢？成功的大門只會向那些積極的、樂觀的人敞開。

所以說，成功者一定會有一種積極的心態，因為他樂觀地面對人生，所以成功離他永遠比別人近一點。對於大部分人而言，他們在平時確實是樂觀的，上進的。唯一不足的是，每到關鍵的時刻，他們便失去了往日的自信、熱情和積極，於是他們在快要成功時總無法成功，離成功總是差那麼一點點。時時刻刻都要保持積極的心態，只要能保持住就會成功。

農業自動化機械廠為了擴大市場，派出了兩名員工去農場推銷新生產的一種新農場機器。

第一個去的員工工作認真勤勞，但是心態不好，總是悲觀地看待自己的工作和人生。當他來到這家農場後，看到這裡的農民都是靠人工在田裡種植和收割，於是非常失望。他想，這裡的農民是不會買我的設備的，他們都靠自己的人力來完成，看來我又是白跑一趟了。於是，他沒有向當地人推銷新產品，就掃興而歸了，並寫了一份推銷失敗的報告交上去。

上級看了後非常不理解，如此先進而又省時的機器，竟然都沒有推銷出一台。於是又重新派遣了一名員工再次去那個農場推銷，這位員工是公司的金牌推銷員，工作認真勤奮，而且總是樂觀地對待一切。

當他看到農場的情況時，立刻笑了：「這次絕對能成功推銷產品。這家農場居然都是人力做工，這下不但可以推銷出這種新設備，就連其他一些設備也可以展現給他們看啊。」

於是，他把農場所有的農民都聚集起來，信心十足地說：「大家好，帶給大家一個好消息，你們終於可以不用這麼辛苦勞作了，安裝上這種設備，在同樣的時間內，你們僅僅只要花費以前十分之一的力氣，但是絕對能夠收獲十倍的成果！」很快的，大家被那些設備吸引住了，爭先恐後地要購買這些產品。結果在這個農場，這批新設備有了非常好的銷路。

我們可以從中看出，兩種不同的心態可以導致不同的結果。在同樣一個農場中，同樣的一批客戶，同樣的一種產品，僅僅由於一個心態的差異，卻導致了一個不戰而敗，一個大獲全勝。

其實，生活中類似的事情到處可見。很多失敗的原因或許與客觀條件無關，僅僅是主觀心態有問題。消極的心態多半導致不戰而敗，沒有開始就已經宣告了失敗的結局。而積極的心態，總能看到充滿希望的未來，總充滿信心去克服困難，也更容易達到成功。

請保持一個積極的心態吧，只有這種積極的心態才能解決迎面而來的困難險阻。

別讓自己不高興
50條不生氣法則

Chapter3

活在當下，要學會控制憤怒情緒

生氣是生活的一部分，就像記憶、幸福和同情一樣。

沒有人會主動去選擇生氣，生氣是基於我們神經系統的一種本能反應。任何人都會受到憤怒的困擾。所以活在當下，要學會控制憤怒情緒。

Never underestimate your power to change yourself!

15 憤怒是地獄之火

人類最糟的罪就是憤怒，每一個人都可能會憤怒而犯這項罪。嬰兒會大發脾氣而損失掉一餐美味的食物，小孩子會突然發脾氣而弄得雞犬不寧，太太發脾氣會引起頭痛，丈夫發脾氣會失掉胃口。小至家庭，大至國家，憤怒都是罪惡的源泉，憤怒可以使人生出怨恨，最終導致家庭不和、社會紛擾、國家混亂。

里德福德．威廉姆斯博士和其妻子維吉尼亞合寫過《憤怒可以殺人》一書，這本書的書名對四十一歲就英年早逝的德威恩來說，成為了一種不幸的預言。十一年前，德威恩在工作中弄傷了背部，從那以後他就失去了工作並一直承受著疼痛的折磨。他是個很愛生氣的人，因為受傷他生氣，因為背傷他生氣，因為老闆不公平他生氣，因為家人和朋友不夠體貼他生氣。他甚至還生上帝的氣，他覺得害他這麼早

就遭受這樣的不幸就是因為上帝。

德威恩大多數時間都在家裡待著，不回朋友的電話，為自己的不幸生活鬱鬱寡歡，就這樣把自己封閉起來了。只要一問起他以前生活相關的事情，如「你還和以前的同事們見面嗎？」，德威恩就馬上顯得很生氣。他的眼淚會突然湧出來，臉會扭曲著，尖叫著說：「不見了，去他們的！」

有一天，他正在街上走，突然看見了他的一個「仇人」從以前的公司走了出來，他一下子就雙手抓著自己的胸口摔倒在地。他被救護車送到了當地的醫院，在那裡他告訴他的醫生說，他一看到那個人就火冒三丈，接著就感到胸口劇烈地疼痛，所以醫生判斷他是心臟病發作了。

之後，這種情緒仍伴隨著德威恩，他四十一歲的時候第二次心臟病發作。在醫院裡，心臟病專家、心理醫生、牧師、他的兄弟和妻子圍在他身邊，為他下了最後通牒：「別再這麼生氣了，不然你會死的，你的心臟再也承受不了這樣地刺激了」。德威恩臉上又出現了那種習慣的表情，眼淚也出來了，他回答道：「不！我寧願死也不能接受這一切，我無法做到不生氣。」他的這句話同時也預告了他的死亡。

三個星期後，當德威恩對著電話怒氣衝衝地大喊大叫的時候，他的心臟病第三次，也是最後一次發作了。當他的妻子發現他時，他已經死了，死的時候手裡還抓著電話筒。

憤怒和疲勞總是接踵而至，而且任何情感都是要耗費精力的。生氣時，身體需要能量來調動各個部位，使其擺出進攻的姿勢，即心跳加速、血壓升高、全身的肌肉收縮。憤怒時你會感到異常興奮，你的腎上腺素分泌會增加，當放鬆下來時，你就會感到疲乏不堪。

如果我們每天都會憤怒，一天就要經歷幾次這種興奮然後疲乏的惡性循環。那你可以想像出，你的精力會被這種不斷騷擾你的憤怒耗費多少！光想想這種狀況就讓人感覺累。

有項調查顯示：不愛生氣的人中，有百分之六十七的人每天早晨醒來時會感到精力充沛、頭腦清醒；而與此相反，那些經常生氣的人只有百分之三十三有這樣的感覺。當被問及是否有過憤怒後疲乏不堪的感覺時，百分之五十六的不愛生氣的人回答說有，高達百分之七十八的愛生氣的人說有。

有一次，史蒂夫安靜地坐在座位上等著拿藥，而他旁邊的一位年紀較大的人卻等得焦躁不安，恨不能把藥劑師吃了。

「你們這些人知道你們在幹什麼嗎？你們太沒有效率了。我不能因為你們工作沒做好就在這裡乾等！」那個人喋喋不休地說著。

因為他和史蒂夫坐在一起，所以史蒂夫就主動對他說：「你是不是感覺很不好，是不是感到很累？發這麼大的脾氣會把人累壞的。我很明白這種狀況，朋友，因為我以前也是這樣。可是說真的，這麼做不值得，真的不值得。」

回家後，史蒂夫開玩笑地對妻子說：「你猜我今天遇到誰了？我遇到以前那個整天生氣的我自己了！」

人們的行動受到限制、願望不能實現、工作的失敗、權力被侵犯、勞累過度等狀況時，就會產生憤怒的情緒。無論什麼原因產生憤怒，都會影響人的身體健康。正如《黃帝內經》所說：「喜怒不節，則傷髒，髒傷則病起。」人由於憤怒，還會食欲降低、食而不化。經常這樣，消化系統的生理功能必將發生紊亂。

憤怒還可影響人體的腺體分泌。如正在哺乳的母親，由於發怒可使乳汁分泌減少或使其成分發生改變，這對嬰兒是十分不利的。又如人在受了委屈、侮辱而發怒時，淚腺分泌增強，泣不成聲。

再如，隨著憤怒的程度和時間增加，唾液可由增加而變得枯竭。例如有的人在爭吵開始時唾沫飛濺，逐漸就變得口乾舌燥，吵嚷聲隨之也慢慢消失了。此時，人的唾液成分會發生改變，即使是吃平常最喜歡吃的東西也會覺得食之無味。

總之，憤怒好比一把地獄之火，我們要消滅情緒的憤怒之火，控制憤怒情緒！

16 憤怒的人總會打敗自己

在生活和工作中，每個人總會因為一些事情而憤怒，但在憤怒過後，事情大多不會改變或發生轉機。這樣，無疑是把自己逼到了牆角，沒有退路可言。生氣是拿別人的錯誤來懲罰自己，人要是發脾氣就等於在人進步的階梯上倒退了一步，如果人們只知道生氣、憤怒，這樣和最原始的人類有什麼區別呢。

生氣對身體有百害無一益，「怒傷肝」這個說法還是很有道理的。許多學者還從理性上指出憤怒的危害性。古希臘哲學家畢達哥拉斯認為人在盛怒下常常會做出不理性的行為，他說：「憤怒從愚蠢開始，以後悔告終。」培根則告誡道：「無論你怎麼表示憤怒，都不要做出任何無法挽回的事來。」在現實生活中，一時憤怒，釀成大錯或大禍的事，絕非少見。

我們不否認，人們的憤怒都是事出有因的，但人是有理性、有思維的，我們不僅能受感性的支配，也要受理性的控制。要想維護自己的正當利益，僅採取憤怒一種反應方式是不夠的，而應該經由理性思維去找出更好的應對招數或策略。例如，人被石頭絆倒，通常不會對石頭發脾氣，那我們何不把那些傷害或觸犯自己的人當做「石頭」，這樣才會心平氣和，我們只要以後儘量避開「石頭」，即使遇到「石頭」也別耽誤行程。

蘇格拉底是一位希臘的大哲學家，有一天他和老朋友在雅典城裡一邊散步，一邊愉快地聊天。忽然有位憤世嫉俗的青年出現，用棍子打了他一下就跑走了。他的朋友看見了，立刻回頭要找那個傢伙算帳。但是蘇格拉底拉住他，不讓他去追，朋友奇怪地問道：「難道你怕這個人嗎？」

「不，我絕不是怕他。」蘇格拉底說。

「那為什麼人家打你，你不還手？」

此時，蘇格拉底笑著說：「老朋友，你糊塗了，難道一頭驢子踢你一腳，你也要踢牠一腳嗎？」他的朋友點點頭，就不再說什麼了。

一個人的涵養來源於他的修養，一個高尚有修養的人稍有委屈時絕不會想到報復。每個人都有自己的優點和缺點，過分苛求別人的完美是不應該的。「水至清則無魚，人至察則無徒」，說的就是這個道理。

寬容別人的缺點，常常會得到意想不到的效果，而只知一味地憤怒，最終打敗的人還是自己。有個流行的辦法可以控制憤怒：人憤怒時便心裡默數數字，小怒從一數到十，大怒則數到百乃至千，數完後再採取行動。

只有學會控制憤怒才能增加了自己成功的籌碼；而持續憤怒只會湮沒了快樂與成功。請大家牢牢記住：憤怒的人總會打敗自己。

17 留意憤怒的信號

我們要留意憤怒的跡象，要對自己快要憤怒的反應和感覺敏感一些。當你憤怒的時候，你的手是不是不知不覺地握成拳頭？你開始在房間裡不停地走來走去？嘴裡不停叨念、詛咒或者咬牙切齒？其實，我們可以平息即將到來的怒氣，只要能夠靈敏地覺察到自己快要生氣時的種種現象。

俗話說得好：「當斷不斷，必受其患。」同樣，當生氣時，得立即採取措施。而對於生氣的人來說，「當斷不斷」就可能意味著情緒失控和爭吵與衝突。當我們發現快要生氣的信號時，何不「從一數到十」，這樣也許就能漸漸平息你心中的怒火。

然而，百分之九十的人在快要生氣時並沒有立即採取措施，這樣很快就會發展到暴怒。有人認為我們應該聽任憤怒等情感自然而然地發展，這是一種錯誤的想法，

而且是一種很危險的錯誤想法，越早控制住自己的憤怒才是正確的做法。下面是一位心理專家和一位諮詢者的談話：

專家：這個週末，你和你的女朋友之間發生了什麼事情？

諮詢者：其實也沒有什麼。我們本來為這個週末做了一些計畫，但她沒有告訴我就更改了計畫，這讓我很不高興。

專家：如果把生氣的程度分為十個等級，當你聽說她改變主意時，你到底有多不高興？

諮詢者：我想應該有四級吧。

專家：很好，但實際上，如果是四級，那你就不是不高興，而是生氣，或者說憤怒了。我把四到六級稱為憤怒，而一到三級才是不高興。你有沒有告訴你的女朋友你很生氣？

諮詢者：沒有，怒火被我藏在心裡了，我經常這樣。

專家：然後發生了什麼？

諮詢者：我們一起出去吃飯，但等了半天飯菜還沒有上來，而這期間我心裡的火氣就會越來越大。

專家：那時，你有幾級憤怒？

諮詢者：六級或者七級吧。

專家：兩者的情況是不一樣的。六級意味著你非常憤怒，但七級表示你的憤怒是暴怒，雖然是輕度的暴怒，但仍然是暴怒。

諮詢者：我想應該是六級吧。

專家：那時，你離暴怒只有一步之遙了，你採取了什麼措施？

諮詢者：沒有，我只是讓自己平靜下來，然後和我女友一起出發去看棒球比賽。接著我們就在車裡吵了起來，當時我非常生氣，不知道到底是什麼惹惱了我。我憤怒地一拳打在汽車的窗戶上，就把窗戶打裂了。

專家：那時你有多生氣呢？

諮詢者：一定有六級或者十級。

如果諮詢者一開始感覺不高興的時候就大膽地說出來，告訴女友不要不和他商量就改變計畫，這讓他覺得很不公平。但是他並沒有注意到這些憤怒的信號，所以

導致了這樣的結果。

最輕微的一種憤怒就是「不悅」，它和暴怒處在憤怒的等級序列的兩極。一般情況下，你不必為管理這種形式的憤怒而操心。某心理機構曾做過調查：差不多有一半人每星期都會有不悅的經歷。不悅要比憤怒更加常見，不悅不如憤怒那麼強烈，容易自動消失，人們一般也會更快地從不悅中恢復過來。總之，如果僅僅感到不悅，一般不是什麼問題，但前提是這種感覺不會往下發展。那麼，怎樣才能做到呢？我們不妨嘗試這樣去做：

用正確的眼光對待問題，不要把情況想得過分嚴重。例如在開車時有一輛車突然插到你的前面，要記住這只是讓你不快的小事，而不是世界末日。不要把問題個人化。那個司機並沒有意識到自己給你帶來的不快，也許他也有不順心的事，因此想發洩出來，但這絕對不是針對你本人。

不要只想著指責別人，而不從別人的角度看問題。一旦你開始指責另外一個人，就很容易使你的不快升級。所以，讓事情就這麼過去吧，別再去追究。不要老想著報復。把某事歸罪於某人後，下一步往往就是報復。與其這樣，不如想想令自己開心的事，讓心情舒展開來。

以後，我們再遇到不開心的事，要去想該怎樣做才能不讓這種不悅升級為憤怒。也許你可以播放自己喜歡的音樂，或者收聽自己喜歡的電臺節目，特別是一些輕鬆愉快的節目，也許一些其他的方法對你更有效。

不要讓負面情緒放大你的憤怒，這樣只會讓你變得怒不可遏。告訴自己：我不會因這種令人不快的情況使我的壞心情雪上加霜。我們還可以問自己：如果我心情不這樣糟糕，遇到這種情況我會怎樣做？然後照著所想的去做，相信怒火必被熄滅。

留意憤怒，關注憤怒，化解憤怒，才能鑄就一種快樂，一種幸福。有人說：只要你生氣，就表示你遇到了麻煩，出現了問題。而有人說：只要憤怒事出有因，就不是什麼問題。

斯坦先生和妻子曾向心理醫生求助：他的妻子希望他變得善於表達自己的情感，以便使他們的婚姻關係更親密。不久之後，斯坦先生開始善於表達，但他把多年來壓在心底的各式各樣情感全都表達出來。

他的妻子告訴醫生，她對斯坦的治療情況非常不滿意（可以理解為憤怒）。她說：「他現在一天到晚地說我讓他多麼生氣，我簡直煩透了。」

心理醫生反問道：「但是妳不是想讓他變得感情更外露一些嗎？」

「我是這樣說過，但我不想一天到晚聽他說他有多生氣。我想聽的是一些正面的情感。他可以把他的憤怒留在他自己心裡，因為那是他自己的問題。」她接著說。

心理醫生開導他們說：「其實，斯坦先生現在仍然不善於表達自己的情感。他無法控制自己的感覺，特別是在憤怒的初期時，不知道該如何控制而導致最後的大怒，你們應該努力去發現憤怒的信號，一起來克服這個難題。」後來，在醫生和妻子的幫助下，斯坦先生再也不會輕易地生氣了。

我們要善於捕捉憤怒的信號，這樣更有助於控制自己的情緒，也更容易走向成功。遠離憤怒，相信每一天的生活都是美麗的。

18 冷處理，不要馬上回應

歲月似無邊無涯的急流，人生就如其中漂泊的一條小船，難免碰碰撞撞，憤怒就像是其中的暗礁，無法迴避。當我們憤怒時，坦然面對，不要馬上回應，這樣才是避免憤怒的最佳途徑。

暫時走開可以使生氣的人平靜下來，但具有很強的侵略性和好鬥個性的人傾向於對任何刺激都做出對抗性反應，而不是擺脫和走開，他們這樣的性格必將導致最終的失敗。

人們一般不會因為水龍頭漏水、汽車無法發動而發火，但卻總是對人生氣。大多數憤怒都是發生在人與人之間，一個人首先發難之後就會形成一種情感刺激並引起爭執。關鍵是：誰先停下來？讓誰說最後一句話？

當你生氣時，何不做出這樣的決定：讓對方說最後一句話，而且越早越好。這樣，原本一發不可收拾的局面就會終止了。

下面是一對父子間的兩種對話過程，首先看第一種對話：

父親：你先把你的房間收拾乾淨再吃飯。

兒子：我正忙。

父親：（不悅）我說了——我要你把房間收拾乾淨。

兒子：（生氣）你別管我。

父親：（生氣）你少跟我這麼說話。現在就收拾你的房間——馬上！

兒子：（暴怒之下把書扔了過去）我說了，你別待在我房間裡！

父親：（非常生氣）你敢對我扔東西！現在你馬上給我收拾乾淨，不然等著瞧。

下面是第二種對話：

父親：吃飯前你先把你的房間收拾乾淨。

兒子：（不悅）我正忙著呢。

父親：（不悅）是的，我看見了，但是我要你先收拾房間。

兒子：（生氣）你別管我。
父親：（不悅但沒有發火）好吧。但是你要收拾房間。
兒子：（生氣）我想收拾的時候會收拾的。

人們在發生爭執時，都想讓自己說的話成為最後一句，卻看不到事情正變得不可收拾。要管理憤怒首先是對生氣的過程進行控制，而不是怎樣處理憤怒失控造成的嚴重後果。如果你能做到讓對方說最後一句話，這樣就會緩和爭執，不至於產生更糟的結果。

如果你無法控制自己一定要說最後一句，那麼說話時儘量不含敵意。在這種場合，我們不妨說：「你愛怎麼想就怎麼想」或者「你愛怎麼說就怎麼說吧」然後就起身離開，這樣，爭執就會停止了。所以，面對憤怒，選擇冷處理是有利於問題解決的。

大多數人在受到激怒後都會不假思索地做出憤怒的反應，這種反應是一種本能，而且其表現方式往往都是一樣的——面露不悅，大聲叫嚷，奚落對方，揮手打人或砸東西，或者跺著腳生氣地走開。如果你產生了這種情緒，那麼你就失去冷靜了。

失去冷靜是很容易的，但時時刻刻都能保持冷靜卻很難。從根本上說，保持冷靜就是在憤怒控制住你之前控制住憤怒，也就是有意識地控制情感進而不是讓其隨心所欲地發展。

採取冷處理，意味著要控制憤怒的強度和持續的時間。如果你總想對付那些引發你憤怒的人或者事物，那你就無法管理好自己的憤怒。只有採取自我控制，放棄不滿和委屈，這樣才能做到冷處理，管理好憤怒。

艾迪是一名普通的公司員工，但他經常愛發脾氣。他的老闆明確地告訴艾迪，如果他再發脾氣他就將被解雇。同時，老闆還要艾迪找專家進行憤怒管理的輔導。艾迪很擔心被解雇，因此找了一位憤怒管理方面的專家。其實，艾迪基本不信憤怒管理的效果，但是他還是願意試一試。

專家推薦的策略是面對憤怒做冷處理，不要立即回應。一個星期後，他又來到了專家的診所，一見到專家就興奮地說：「夥伴，你留住了我的工作！今天早晨我的老闆對我發火，我當時的第一反應就是馬上進行還擊，但我想起你說過該怎樣應對憤怒——我的憤怒和他的憤怒，然後我用和以往完全不同的方式處理了這件事。

等老闆也冷靜了下來時，還因為自己的發火向我道歉，並說不解雇我了。」

生氣時產生衝動的反應可能是你從小到大的習慣，雖然很難改掉這個毛病，但也不要灰心。這種困難可能是由於過去反覆發生的情況已在你身上形成了一種反射，使你成為一個愛衝動的人，也可能是你生來就有衝動的個性。不管怎樣，只有改掉愛衝動的性格，才能管理好自己的情緒。

現代社會，因為不會冷靜處理憤怒而導致失敗的人比比皆是，而那些會冷靜處理憤怒的人一定都能站在事業的頂峰。所以，讓我們一起養成冷處理憤怒的好習慣，這必將使我們一生受益。

19 明白溝通的真正目的

什麼是溝通，簡單地說就是人與人之間交流觀點和看法，尋求共識，消除隔閡，謀求一致。在現實生活中，溝通具有一定的目的性。主動溝通的人，一般都帶有目的性，是為了達到自己的目的才進行溝通的。例如：為了讓別人幫助自己達到某種願望，讓對方接受你的意見，讓對方服從你的領導，讓對方感覺你是關心他等等。然而，溝通的真正目的在於達成共識找到解決問題的方法，化解分歧，消滅憤怒。

在公司裡，老闆和員工難免會產生不滿、摩擦和誤會。作為員工當面不能和老闆起衝突，一直悶在心裡就會有心事，就會產生一種想找人談談的「傾訴欲望」。如果「傾訴欲望」得不到滿足，就會轉化為一種不滿情緒。如果不及時釋放不滿情緒，就會升級為強烈的不滿，最終可能會引起一些事端。

其實，員工會對公司及老闆產生一些不滿情緒是很正常的。一方面是因為老闆是管理者，面對的是眾多的員工、客戶以及複雜的社會和上級機關的眾多部門，接觸聯繫廣泛，工作千頭萬緒，容易浮動焦躁，工作中出現偏差在所難免。另一方面是因為員工工作任務繁重，資訊輸入量相對單一，大多只和自己的業務方面接觸較多，思考問題常從自己的角度出發，也難免出現偏頗。

好的老闆應善於發現員工的不滿，例如當有員工表情嚴肅不愛理人時，當有員工工作消極背後嘀咕時，當有員工越過你向上級反映問題時，當有員工直接找你理論時。此時，你應該善於自我反省，發現自己的不足。

好的老闆應善於及時與員工溝通，化解員工的不良情緒。溝通時的態度應是誠懇的，並從找出他不滿的原因或者能幫助員工分析之所以產生不滿情緒的原因。如屬於自己的問題，要放得下架子主動作自我批評，並誠懇地分析自己失誤的主客觀原因，求得員工諒解。如屬於員工認識上有問題，要客觀、公正地加以分析和解釋，千萬不要簡單粗暴地批評、責怪、諷刺、挖苦員工。如員工一時還不能體會你的用意，也切忌焦躁，多從員工的角度去思考問題。總之，好的老闆應該經常和員工溝通，瞭解員工的需求，化解員工的不滿，這樣才能建立良好的公司氛圍。

在醫院，患者與護理人員接觸頻繁，長期下來，難免會有摩擦、爭執。護理人

員若能與患者冷靜地溝通，便能緩解僵持的局面。當患者憤怒時，護理人員千萬不能以憤怒回報，應懂得溝通，可以這樣安慰患者：「您先別生氣，我相信會有好的解決方法的，生氣不利於你身體的康復！」待對方心平氣和後，再討論問題所在，分析患者生氣的原因，消除其中的誤會，並採取有效措施。在不違反原則的前提下，儘量使患者滿意。經過一番溝通後，如果患者覺得自己也有不對的地方，則也不會介意此事。與人溝通，抵制憤怒情緒是心理學中控制情緒的一種有效的方法。

人生旅途，摩擦在所難免，如果由此產生的矛盾一旦溝通不當，也有可能升級為暴力衝突。人與人之間只有學會溝通，才能相互理解，產生矛盾時責任一方何不主動讓一步，承認錯誤，這樣就能在溝通中融化憤怒！

20 偶爾也「關」上你的耳朵

在一次足球比賽失利後，有隊員指責外籍的隊長史瑞克應負責任。然而史瑞克坦然地說：「不要告訴我誰又說了我的壞話，我什麼也聽不見。」

首場比賽失利後，史瑞克說：「這對每名球員都很遺憾，但教練的損失更大。球隊需要有一種精神，也需要有領袖，而這位領袖要保護這種團隊精神。這也許很難解釋清楚，但這的確非常重要。」史瑞克表示自己之所以還能保持一個平靜的心態，是因為他告訴自己的翻譯員，不許把隊員對他的指責甚至謾罵轉告給他。他說：「這對我而言很簡單。我告訴我的翻譯不要把那些不好的話告訴我，只告訴我好的就行了。我也經常用『我聽不懂』來作為藉口。」

是的，像史瑞克這樣面對他人的憤怒時，「耳不聽，心不煩」是控制情緒的一

種好辦法。既然「耳聽就容易煩」，那麼如何做到「耳聽心不煩」，就需有一個很高的思想境界。當你碰到了煩心的事，究竟受不受它們的影響，就看我們如何看待這些煩心事了。

當我們匆匆忙忙去上班，擠公車時跟人吵了起來，上午又被老闆訓斥了一頓，心情糟透了，整個下午什麼事都懶得去做。晚上，筋疲力盡地回到家後，妻子又抱怨你沒把屋子收拾乾淨。於是這一天就在煩躁中結束了……此時，我們有沒有想過為什麼所有的人都與你過不去呢？為什麼壞事總是都讓你碰上呢？為什麼你總感到生活很難，壓力很大？我們無法改變別人的做法，但是可以學習如何在心理上自我保護。

當我們快要發火時，其實最好的策略是採取迴避，不接觸引導發火的外部刺激，即是做到「耳不聽，心不煩」。當人們陷入心理困境時，大腦裡往往會形成一個較強的興奮點。迴避了相應的外部刺激，可以使這個興奮點讓給其他刺激，引起新的興奮點。興奮中心轉移了，也就擺脫了心理困境。

「耳不聽，心不煩」說的正是這一道理。在體驗到某一心理困境時，就該主動迴避，不在導致心理困境的時空中久久駐足。例如當你和家裡人產生衝突，使你「勃然大怒」時，不如趕緊去上班，離開「是非之地」，這可以稱為「客觀迴避法」。

此外，還有「主觀迴避法」，即透過主觀努力來強化人本能的潛抑機制，故意不聽、不理睬消極悲觀的資訊，在主觀上實現注意中心的轉移。注意力轉移是最簡單易行的一種主觀迴避法。

老王是一個肝火旺盛，經常和家人發脾氣的人。朋友勸他說：「不妨裝聾，圖個耳清心靜，既有益於身心保健，又不傷家人和氣。少裝多諧，笑口常開，當為上策。」聽了朋友的勸告，老王就慢慢「聾」了起來。

有一天，他聽見兒媳在廚房小聲嘀咕：「公公在家連水都不燒。」要是以前，他肯定會發怒的，但這次老王裝聾打岔道：「妳昨天還在發燒，怎不去看看醫生？有病千萬別硬撐著。」兒媳見公公還在關心她，便不好意思地笑了笑。就這樣，一場家庭紛爭就被緩和了。

每個人都會遇到不開心的事情，當聽到一些不中聽的話時，千萬別豎起耳朵，瞪大眼珠子跟人鬧彆扭。鬧彆扭是跟自己過不去，這樣你只會氣得頭昏腦脹，不僅

危害了自己的身心健康，與對方的隔閡還會越來越大。此時不妨採取消極的主、客觀迴避，出去走走或找朋友聊聊心事，等到心情平靜後再處理這些事情，這樣會事半功倍的。像老王這樣的「裝聾」不僅可以平息家庭糾紛，還能調節家庭的氣氛，其樂融融。

瑪麗是美國最高法院的大法官。在與男友婚禮的當天早上，她在樓上做最後的準備。

男友的母親走上樓來，認真地看著瑪麗說：「妳必須記住，每一段美好的婚姻裡，都有些話語值得充耳不聞，這是一個妳以後一定用得著的忠告。」接著，她把一對耳塞放到瑪麗的手上。

此時的瑪麗十分困惑，更不明白在這個時候，婆婆把一對耳塞放到她手裡究竟是什麼意思。但婚後，她與丈夫第一次爭執時便體會了婆婆的苦心。

瑪麗說：「婆婆是用她一生的經歷與經驗告訴我，人在生氣或衝動的時候，難免會說出一些未經考慮的話。而此時，最佳的應對之道就是不要回嘴反擊，最好做到充耳不聞。」

對瑪麗而言，這句話對她的事業也產生了重要影響，使她順利成為了一位大法官。

這句話其實對我們每一個人都適用，在家裡我們可用這個方法化解愛人尖銳的指責，維護自己的婚姻生活。在公司裡，可用這個方法淡化同事過度的抱怨，優化自己的工作環境。我們還得時常告誡自己，憤怒、怨憎、忌妒與自虐都是無意義的，每一個人都有可能在某個時候會說一些傷人或消極的話，而此時，不如讓我們暫時關閉自己的耳朵。

21 替別人想想，就不容易生氣

小王一家三口搬進新居的兩個月後，樓上的鄰居也搬進來了。問題隨之而來：鄰居家的冷氣機的水正好滴在他家冷氣機的外殼上，滴水聲讓他和家人難以入眠。

樓上冷氣一開，小王家就沒法睡好覺了。滴水聲讓他看書不專心，寫作難靜心，夢中常驚醒；小王妻子則近期常失眠，半夜醒來，聽到滴水聲，往往睜眼到天亮；兒子住在另一間房，也深受其害。因此他們決定商量對策，該怎麼處理這件事，小王一家三口為此討論了整整一個上午。

妻子說：「我現在就上樓去找他們理論：你們家的冷氣機嚴重地干擾了我家的正常生活，限你們三天之內修好。不然的話，我找相關部門投訴你！」妻子在國稅局工作，一開口就很衝。

「不行，妳這種態度去和人家理論，八成會越弄越僵，這不是上策！」小王揮揮手說。

兒子則也氣憤地說：「依我看，不如用棍子把他們的冷氣機捅下來：你不讓我安靜，我也不讓你舒服！」

「你這樣做，那對方還不和你打起來？」小王制止。

兒子揮動著拳頭：「怕什麼！我是體育學校畢業的，若是論打架，他們一家子也不是我的對手！」

「你冷靜點好不好，用武力是解決不了問題的！」小王搖了搖頭。

此時，有人敲門。

小王打開門，只見住在樓下的李老師手中拿著一根一公尺長的塑膠管站在門外，微笑道：「我們是老鄰居了，我有件事情請您幫忙。」

小王忙回報一個微笑：「有事請說。」

「是這樣，我老婆心臟不太好，近來常失眠。自從您家開了冷氣機後，那水滴落在我家雨棚上，聲音比較大，讓她常常半夜睡不著。所以，我特地買了一段塑膠管，想勞駕您把空調的排水管道加長一些。這樣，水就不會滴在我家雨棚上了。不好意思，為此打擾您，我們深感不安！」李老師客氣的說。

小王聽到這些話反而不好意思了：「真對不起，這都怪我沒考慮周全，我馬上就去把滴水管加長。至於塑膠管，我們家有。」

「別客氣，就用這根吧。」李老師將塑膠管塞到小王的手中，說完便下樓了。

關上門後，妻子笑道：「人家老師就是不一樣，看來他已告訴我們解決問題的辦法了！」

小王也慚愧道：「許多時候，我們不如多替別人想想，這樣就不會生氣，也更容易把問題解決好。」

的確，就像小王說的一樣，多替別人想想，就不容易生氣。替別人著想是一種美德，是解決問題的首要途徑。換個角度來講，替別人著想，就等於釋放了自己，改善了自己的心境，使自己不容易生氣。當我們發自內心地替別人著想時，同時自己心理的煩惱也能得到解脫和排遣。

在日常生活中，我們會遇到各種各樣的事情，如果我們遇到不合自己心意或不順心的事時就發脾氣，這樣的人很容易不分青紅皂白地指責人家，來排遣自己心中的不滿，這實際上是把自己的快樂建立在別人的痛苦之上。

在這裡，我想問那些經常生氣的人一個問題：在你發怒之後，有沒有仔細想過，你這樣的行為、做法是正確的嗎？有沒有替別人想過，你的這種行為給別人造成了什麼影響。其實每個人都是有脾氣的，但為什麼有的人就能冷靜處理憤怒，為什麼你就不行呢？

雖然發脾氣是你的一時之氣，是你的意氣用事，在這個基礎上，你是否想過事情的原委錯誤究竟發生在哪裡？你這樣盲目地指責他人，當然對你有所瞭解的人能容忍你的所作所為。可是不瞭解你的人心裡會怎麼想，即使他們嘴上不說，但心裡還是會記住這件事，也許你們之後的關係就會變得有點生疏了。

有時候，人的脾氣就好比一碗滿滿的水一樣，當有事情影響自己的情緒時，脾氣稍不留神就會溢出來。所以要學會忍耐那些不好的情緒。但人的忍耐力是有一定限度的，在自己一時氣憤之下是很難控制自己情緒的。當遇到這種情況時，我們不如事先在自己的頭腦裡思考一下整件事的來龍去脈，想清楚後也許情緒就會好多了。

有位哲學家曾這樣說過：「替人著想好比是一種心理解脫，體諒別人的同時，也使自己得到解脫。」這個道理很簡單，給予他人快樂也就是給自己快樂。所以，我們每一個人都要用一顆平常心去對待每一件事情。得罪一個人容易，但與一個人

結識有時比登天還難。如果要想結識更多的朋友，就必須要懂得控制自己，用寬大的胸懷去體諒別人，為他人著想。

我們要想擺脫不良的心境，就必須時常為別人著想，這是一種最有效的心理良藥。當工作中遇到不順心的事，在還沒有瞭解事情原委之前，要好好想一想，為了不使自己陷入煩惱中或是給他人帶來不悅，你不妨先為對方試想一下，為對方找個能得到自己體諒的理由。

當我們陷入不良的情緒之中時，不妨先找幾個可以讓自己平穩心情的理由說服自己，然後再多從別人的角度去思考問題。這樣你的心情一定會好多了，做起事來也就更輕鬆，不覺得吃力了。

從心理上來說，幸福與快樂就在自己的心中，幸福和快樂關鍵在於自己，在於自己對人對事的態度。替人著想是一種內心的愉悅體驗，是獲得幸福快樂的最根本途徑，我們何樂而不為呢？

22

遠離衝動，抑制憤怒

憤怒的情緒往往會挑撥起衝動，而衝動的結果將會使人更加憤怒，如此這樣會形成惡性循環，一發不可收拾。遠離衝動，抑制憤怒，才能駛向開心的彼岸。歷史上有很多例子可以證明不理智和衝動會為之後的戰爭埋下禍患：

英國人在戰爭中，巧妙利用了心理戰術，轟炸了柏林。因此，希特勒把攻擊的對象從天空轉移到陸地，對各大城市進行狂轟濫炸，而訓練有素的英國人沒有遭到很大的損失，反而利用這一契機重新更新了雷達系統。

德國人的衝動剛好減輕了英國機場的壓力，使其有喘息的機會，這暴露出希特勒暴躁的性格，英國人打亂其心，利用憤怒來使他跳進英國人的陷阱。而如果希特勒遠離衝動，抵制憤怒則一定會打勝這場戰爭的。下面讓我們再看一個例子：

在二〇〇六年世界盃足球賽法國隊與義大利隊的決賽中，法國球星席丹，在加

時賽的最後十分鐘由於受到對手挑釁而情緒失控，用身體衝撞對方球員，而給自己帶來了一張紅牌，也讓自己的足球生涯畫上了句號，並導致義大利隊取得最後勝利。

人們憤怒時就像是在喝酒一樣，一旦喝了第一杯，就會一杯接著一杯地喝下去，越喝越醉。易怒的人一旦陷入憤怒的情緒裡就很難自拔了。其實，憤怒是一種最具有破壞性的情緒，它給人帶來的負面影響可能遠遠大於我們的想像，會給我們的生活帶來深遠的影響。

人們一般都是因為自己的尊嚴或切身利益受到傷害時而生氣，並且很難一下子冷靜下來，所以當你察覺到自己的情緒非常激動，眼看就要控制不住時，可以及時用轉移注意力等方法自我放鬆，鼓勵自己克制衝動的情緒。

那麼，怎樣才能平息心中的火氣呢？有一種理論認為：把火氣發洩一通，將會使你的感覺好受一些。但是，心理學家們卻認為，這是一種最糟糕的做法，而且根本就行不通。他們為此向人們提出了一種名為「重新判斷」的方法，即自覺地從一種比較積極的角度去看待他人對你的「冒犯」。例如，當你遇到有人超車時，你能對自己說：「這個人大概有什麼急事吧。」或者說：「也許我的車開得的確太慢了。」那麼，你就不至於會發火了。事實證明，「重新判斷」的確是一種極為有效的控制不良情緒的方法，能控制許多即將暴發的憤怒。

還有，空間距離的調整也不失為一個好方法。所謂空間距離法就是在適當的時候學會「離開」。當我們對一件事或一個人忽然感到氣憤而可能失去控制時，應該馬上離去，就像俗語說的「眼不見，心不煩」一樣。例如，你到商店去買東西，遇到售貨小姐愛理不理的態度，會漸漸地憤怒起來。這時，你最好不理睬她，離開這家店去另一家商店，這樣受損失的反而會是她。

我們還可以想像自己的嘴上貼了一個「密封膠帶」，反覆告誡自己發怒的時候，千萬別立刻發洩，否則就會「傷」了自己。

事先製作一個標誌提醒自己也不失為控制憤怒的一個好方法。例如，林則徐在堂上掛上「制怒」的字匾。這樣，在他怒氣將發未發時，看到這兩個字就能及時控制住了自己。雖然我們不能掛字匾，但可以寫座右銘或請旁人提醒自己，在怒火將燃時就撲滅它。

還有一個息怒的良方是「坐下來」。人坐著的時候，血液循環和新陳代謝的速度，都不如站著的時候。實驗顯示，一個人在情緒激動時，血液中去甲腎上腺素的含量明顯增高，這種血液成分會大大加快血液循環，使人活力倍增。於是，他就不

甘於座位空間的限制。而當一個人全方位地舒展他的軀體和四肢以後，隨著活動空間的大幅度擴展，他的血液循環又進一步得到加速的刺激，進而使爭吵時所需要的生理能量獲得階段性的能量供應。發脾氣在生理上依賴於一定的能量供應，如果我們能抑制自己生氣能量的供應，憤怒的程度與幅度也會隨之下降。

心理學家認為憤怒是人的弱點，而不是很多人認為的一種勇氣。大膽和勇敢，不是動輒發怒，而是強壯和保持沉默。講完招數後，我們再講一個具體事例：

十幾年前，在美國，有一位某石油公司的高級主管做出了一個錯誤決策，結果使該公司一下子損失兩百多萬美元。當時這家公司的老總正是大名鼎鼎的洛克菲勒。公司損失後，主管人員唯恐洛克菲勒先生將怒氣發洩到自己頭上，所以總是設法避開他。

愛德華·貝德福德，這家公司的合夥人，有一天走進洛克菲勒辦公室，發現這位石油帝國老板正伏在桌子上，在一張紙上寫著什麼。

「哦，是你！貝德福德先生。」洛克菲勒說，「我想你已經知道我們的一項損失了。我考慮了很多，但在叫那個人來討論這件事之前，我做了一些筆記。」

原來，那張紙上羅列著某先生一長串的優點，其中提到他曾三次幫助公司做出正確的決定，為公司贏得的利潤比這次的損失要多得多。

事後，貝德福德感慨道：「我永遠忘不了洛克菲勒對處理這件事情的態度。以後的很多年，每當我克制不住自己，想要對某人發火時，就強迫自己坐下來，拿出紙和筆，寫出某人的優點。每當我完成這個清單時，自己的火氣也就消了，更就能理智地看待問題。後來這種做法成為了我工作中的習慣，好多次它都制止了我的怒火。而如果我不顧後果地發火，那將會使我付出慘重的代價。」

最後還有一點，就是在我們控制住衝動的情緒後，還要重新思考，努力打開心結，為什麼會有衝動的情緒，為什麼自己不能從一開始就看開點，為什麼不能很好地控制情緒，這樣才能從源頭遏制憤怒。

Chapter4 放慢節奏，輕鬆生活擺脫疲勞情緒

不知道為何，我們的腳步總是匆匆忙忙。是否因為前方有一個美好的目標正等待著我們，若我們放慢腳步，它就會消失嗎？請放慢生活節奏，我們將能擺脫疲勞，迎接輕鬆。

Never underestimate your power to change yourself!

23 瞭解心理疲勞

人不僅有生理疲勞，還有心理疲勞。心理疲勞多半帶有主觀體驗的性質，並不完全是客觀生理指標變化的反應。醫學方面有關研究顯示：人體產生的生理變化與主觀體驗並不完全一致。

某些主觀體驗非常疲勞的人，透過生理變化的測試，諸如神經反應、肌肉張力、心電圖、血乳酸、尿蛋白等指標的測試，卻並未發現太大的變化；而另一些主觀體驗並不感到怎麼疲勞的人，其生理變化程度卻可能達到相當的水準。

人們普遍認為，超負荷的體力勞動或腦力勞動可以引起疲勞。但經過心理學家的長期研究，發現事實並非如此。他們發現，辛勤的工作一般不會導致疲勞，特別是不會引起那些經過休息或睡眠之後仍不能解除的疲勞。

心理學家認為，疲勞的形成與人的心理狀況有關。人不健康的心理情緒，尤其

是憂慮、緊張、煩惱等是導致疲勞的真正原因。

威廉是一個普通的上班族，但是他最近總是覺得很累，無論是在辦公室工作，還是晚上回家以後，他都有一種非常疲乏的感覺，伸懶腰，打呵欠，什麼都不想做。其實威廉坐辦公室，工作不太需要勞動，回家後也沒有什麼家務事可做，可是身體卻顯得如此疲勞。

像威廉所出現的那種疲勞感，在現代人們中還是普遍存在的。這並不是生理上的疲勞，而主要是屬於這種心理體驗性質的疲勞，也就是俗話說的「活得太累」。

從生理角度上來看，疲勞是反應人在作業過程中，由於連續工作或工作勞動太多而致使機體能量過度消耗，出現生化方面的變化、工作能力下降等現象。

從心理角度上來看，疲勞則是指人長期從事單調、重複的工作和活動，注意力長時間高度集中後，伴隨著機體生化方面的變化，中樞局部神經細胞由於持續緊張而出現抑制，導致工作和生活的積極性和興趣明顯降低，直到對工作和生活產生厭倦情緒。心理疲勞是一種多半帶有主觀體驗性質的疲勞，並不完全是客觀的心理指標反應。

我們經常在生活中遇到這樣的現象，當我們在工作或學習過程中因為疲勞而昏昏欲睡時，如果有人叫我們出去玩，倦意會馬上全消。這完全可以說明人的心理疲勞，其實是一種主觀性的心理暗示。

有位心理學家曾做過這樣一個實驗：他讓參加實驗的被試者畫一組簡單的線，如重複畫Ⅰ、Ⅱ、Ⅲ、Ⅰ、Ⅱ、Ⅲ……沒過多久，許多被試者就感到疲勞，表示再也畫不下去了。然而，只要實驗者說一聲「再畫兩組就結束了」，則所有被試者就會重振精神，迅速而準確地完成任務。

從這個實驗我們可以看出，要想避免疲勞，就不要經常做機械重複的事情，而且還要善於幫自己設置一些小目標，這樣有利於激發我們的鬥志。

根據對上班族工作壓力研究報告顯示：百分之四十一點一的上班族們正面臨著較大的工作壓力，百分之六十一點四的人正經歷著不同程度的心理疲勞。這說明現代人普遍處在疲勞之中，我們要想辦法克服這種疲勞。

當我們處於心理疲勞的情況下，會產生著很大的負面作用，症狀輕的會對工作失去興趣，產生疲累感；嚴重的還會出現嗜睡或者失眠、記憶力下降、精神恍惚、吃不下飯等情況。長期處於這種狀態，還有可能會誘發一些身體上的慢性疾病。下面幾道題可以測測你的心理疲勞度：

覺得現在所做的事都是被迫的？

經常為一些你無法控制的事擔心？

對外界的許多事物都缺乏興趣？

你覺得現在的生活單調枯燥？

你並沒有做什麼耗體力的工作，卻總感到很累？

你學習或工作總感到提不起精神？

計分方法：

請將上述問題按「不是」（計〇分）、「有時是」（計一分）、「是」（計兩分）回答，然後將分數累加起來。

結果分析：

如果你的得分在〇到兩分，說明你比較正常；如果在三到六分，說明你已有輕度的心理疲勞；如果在七到九分，說明你已有中度的心理疲勞；而如果得分在九分以上，則說明你的心理疲勞已非常嚴重了。

透過上面這些題目，讓我們來計算一下自己處於什麼樣的疲勞之下，如果自己已經有心理疲勞的話，也不必害怕，樂觀地面對它，勇敢地解決它，相信這樣必能克服心理疲勞。只有克服了心理疲勞，才能幫助人們走出「活得很累」的陰影和困擾。

24 脫離「逼迫」的「膩境」

一個盜竊集團被破獲後，警方竟然發現他們有一套內部規章制度：每天九點上班，不能遲到，成功得手一票後就收手。接著，吃好的、穿好的、喝好的，開銷都由贓款支付，工作時間最晚不能超過淩晨一點，以免「工作」壓力過大等。

這些小偷知道要注意身心調節，不能超負荷地「工作」。從懂得尊重人的心理需求和規律的角度來看，他們這樣的做法還是有一定道理的。

生物動力學是心理治療學派中的一個分支，它主張：「人的個性像樹的年輪，是一圈又一圈地發展出去的。嬰兒的一圈，代表愛與享受；孩童的一圈，代表創作與幻想；少年的一圈，是玩耍及遊戲，青年的一圈，是情愛及探索；而成年人的一圈，則象徵現實與責任。一個完全的人，要具備上述所有特徵。這一圈一圈是按一定的程式發展的，如果有一圈被破壞了而未完成，這時，人的個性同樣也會被破壞。」

看看我們現代人的教育方式，很容易發現在人的個性成長中，被深深壓制的一定是玩耍及遊戲這一圈。一般的家庭及學校都是不鼓勵孩子玩樂的，甚至對玩樂很看不順眼。

成年人教孩子，往往是把套在自己身上現實和責任那一圈，過早地套到孩子身上。但硬生生套上，並不等於自然和能夠承擔，過早的負重換來的是「不能承受之重」，使現在的孩子都是在不完整的童年下度過。

有間點心鋪為了防止員工偷吃點心，於是在新進員工剛來時，天天讓他們吃點心，不讓他們吃別的。結果沒過幾天，他們看見點心時的反應只有一個字，可不是「吃」，而是「吐」啊。

試想現在，許多人已經把孩子對學習的態度，培養到這樣的「境界」了。前不久，就發生了一個孩子跳樓身亡的事故。這名墜樓的孩子今年上初中二年級，據鄰里反應，這個孩子的家長對他要求嚴格，連週末都逼著他在屋內複習功課，使得他幾乎沒有週末休息的機會。

這個孩子平時就不止一次說過「學習太煩」、「太膩」、「不想活了」，可是

家長對他的話無動於衷。事發前一天的晚上他還燒毀了一些課本，最後終於受不了如此之多的壓力而跳樓。

家長不能逼著孩子學習，這樣會造成孩子的厭倦心理，感覺學習的壓力太大。長期下來，也許就會有悲劇發生。

同樣地，在生活和工作中，我們不應該存在「逼迫」心理，否則容易造成對事情的厭倦和煩惱。我們不妨回憶一下，自己是否有過這樣的經歷：出門了卻突然不能確定自家的房門有沒有鎖好，於是返回一次次地檢查；總是把手機拿在手裡，生怕漏掉重要的電話和簡訊；考試時做完一道題目總怕有疏忽，一次次地重新檢查，以致根本來不及寫完考卷……如果你已經頻繁有過這樣的經歷，就說明你已經存在「逼迫」心理了。

小美今年二十八歲，是事業單位的一名文書員。兩年前她偶然從朋友的一次閒聊中，聽說不經常洗手容易被傳染肝炎。

從那一天起，小美愛上了「洗手」。推門、拿過什麼物品後，她都必須去洗手，一天要洗上三、四十次。後來發展到別人和她握手後也想立刻去洗手。去洗手，明顯對別人不禮貌；不洗手，又會難受得如坐針氈。久而久之，她就身陷沒完沒了的自我掙扎之中，異常痛苦。

其實她自己也知道沒必要這麼擔心，但一次次卻「欲罷不能」，而導致了心理消沉。最後，她再也忍不住了，於是去精神科就診，此時她的手指已被洗得紅、腫、脫皮了。

是的，小美是一個典型的非逼得自己「吃」膩不可的例子。與其在生活中逼迫自己，不如保持一顆平常心，正確地對待生活，不要過分強迫自己或他人去做每件事，進而讓自己或他人遠離「膩境」，享受樂趣！

25 走出職業倦怠的沼澤

俊毅是一家大型銷售企業的部門經理，薪酬優厚，可是他卻全沒了以前那種對工作的激情，自己越來越感到厭倦現在的工作。每天早晨，一走進辦公室就覺得疲倦，沒心思處理手邊的文件。周而復始地工作，令他覺得做一個有創意的計畫越來越難，市場推廣也停滯不前，更別提銷售額了。老闆對俊毅好像也越來越不滿意，這讓他更加消沉氣餒，工作起來身心俱疲。

像俊毅這樣的情況叫「職業倦怠症」，現在這種人並不少見。職業倦怠也可稱為「職業枯竭」或「心理枯竭」。它是一種在工作的重壓之下身心俱疲的狀態，也是一種常見的現代職業疾病。它是指，個體無法應付外界超出個人能量和資源的過度要求而產生的生理、情緒情感、行為等方面的耗竭狀態。這是一種在工作的重壓之下身心俱疲、能量被耗盡的感覺。其生活常態表現為：超時工作、睡眠不足、壓力大、健康不佳。身體上表現為：多夢、失眠、不易入睡，經常腰痠背痛、記憶力明顯衰退和脾氣暴躁。

「工作著，才是美麗的」這句話曾經在上班族中流行一時。今天社會上人們每天二十四小時的日常生活，有近一半時間都在工作。一方面這是人們在為生存或生活得更好創造物質條件。另一方面，工作還能讓人感到內心滿足，例如實現個人成就感及創造能力。但在職場上不會總是風調雨順、陽光燦爛，日益加劇的競爭和超負荷的工作量會令不少人感到壓力。工作的人們時常都會抱怨「壓力好大」，長期下來，身體和心理疾病也隨著工作壓力的變大而呈現出來。

工作倦怠這種症狀已經廣泛出現了。據調查報告顯示：有百分之六十一的上班族承認自己的職業困惑很多，經常感到「心累」，覺得工作沒有意義，僅僅是為了生存。

現在的社會正處於轉型期，原有的價值觀、成就觀、幸福觀等受到衝擊，而新的能讓人們廣泛認可的價值體系尚未完全確立。這反應到生活和工作中，就是很多人對職業缺乏認同感、成就感，對生活缺乏信心和快樂。工作倦怠不但會使人們缺乏職業道德、消極怠工，還會危害人們的身心健康，甚至會破壞家庭和睦、社會穩

定。

研究顯示，與工作相關的枯竭感可以導致炎症，而炎症在心血管疾病和其他炎症相關的疾病的罹患和發展中起了重要作用。而且，男性和女性在工作枯竭和抑鬱引起的炎症反應也是不同的。

情緒衰竭、玩世不恭和成就感低落是工作倦怠的三種表現。情緒衰竭是指個人認為自己所有的情緒資源都已經耗盡，對工作缺乏衝動，有挫折感、緊張感，甚至害怕工作。玩世不恭，指刻意與工作以及其他與工作相關的人員保持一定距離，對工作不熱心少投入，對自己的工作意義表示懷疑。成就感低落，是指個人認為自己不能有效地勝任工作，對自身持有負面的評價。

我們可以將職業疲勞直至枯竭的發展分為以下幾個階段：

第一階段——激情

人們剛開始步入社會工作時，對工作充滿了熱情和自信，工作、同事、公司，一切看起來都很美好。新工作者感覺有使不完的精力和熱情，相信自己可以應對一切挑戰，相信這份工作可以帶給自己最大的滿足。即使是麻煩的工作，他也樂於承擔，積極性非常的高。

第二階段——懷疑

當工作了很長一段時間後，最初帶來滿足感的工作漸漸褪色、趨於平淡，人們意識到理想並不等於現實。工作、同事和公司都不如想像中完美。人們開始懷疑：這真是我想要的生活嗎？我真的適合做這份工作嗎？或者，人們更加努力地去工作，期待試圖改變一些，但是卻仍然沒有進展。

第三階段——倦怠

此時，已經陷入麻木的心情中了，每天早晨起床的時候一想到有一整天的工作要做，就感覺好像一晚上沒睡似的疲乏，不只是身累，心也累。完全把工作當作一項養家活口的任務了，工作時再也沒有一絲激情。

第四階段——恢復

不是每個人都能從枯竭中恢復的，但如果你能保持一份健康的心態，再加以時間和技巧，一定會走出職業倦怠期的。

我們還可以把職業疲勞分為以下幾種類型：

壓力型

當人們處在連續不斷的業績考核和生存壓力下，身體容易崩潰。想放棄工作又捨不得高薪的待遇或已經取得的成績，結果神經長期處在緊張的壓力中，產生了對工作的厭惡感。

挫折型

由於對目前職業的不滿，如工作枯燥無味、工作條件太差、報酬太低、離家太遠、工作時間太長、沒有發展前途、同事關係難處、上司脾氣太壞，而導致內心的挫折感強烈，總覺得自己矮別人一截。

平臺型

當人們對工作已熟練掌握，並且發現沒有什麼升遷的空間時，厭職情緒由此襲來。

情緒型

這種類型在女性中存在較多，女性的情緒化流露一直是影響她們在職業領域裡發展的主要障礙。很多感情理由可以讓女人產生厭職情緒，諸如沉湎於愛情、寄望於男友的事業、家人需要照顧……女性們在這些情緒的影響下，即便沒有離職，也會降低對職業的熱情。

如果發現自己開始有了職業倦怠的跡象，應該早做準備，走出心理沼澤。首先要消除一些有關工作的錯誤觀念。例如有些人只知道拼命工作：一開始在晚上加二到三個小時班，不久便整星期都在加班，最後連週末也成了辦公時間。時間長了，這類幾乎沒有任何社交活動和正常生活交往的狀態，難免會對自己的工作產生反感的情緒。

人類本能的心理需求之一就是希望透過勞動實現自我價值，不斷接受適度的挑戰來給自己成就感。但有一些人因為工作太少，或者太容易完成，覺得沒有挑戰性和新鮮感，不能充分展現自我價值，而對工作失去興趣。只把工作當作是取得財富的工具，時間長了，自然也就厭倦了。

其次，要瞭解自己，要在思想上成為工作的主人。職業生涯顧問專家建議：當你開始對工作產生倦怠時，就是該重新思索自己的時候了。

當你在工作上開始迷茫、開始厭倦時，不如花點時間靜下心來思考：自己要什麼？擅長哪個領域？性格傾向於從事哪種類型工作？這份工作可以發揮你的專長嗎？是自己努力不夠還是被擺錯了位置？相信想清楚這些問題後，一定會對你的工作提升有很大益處的。

職業倦怠的人就像是在蓋房子，每天不斷地堆磚頭，卻不知道自己在做什麼、

想做什麼。因為他們少了一張人生的設計圖，不知道要怎麼蓋人生的房子，蓋到何時完工。原本的熱情就在搬磚過程中一點一滴地流失，最後變成日復一日的重複勞動，毫無激情、熱情可言。如果我們幫自己的工作、自己的人生設計一張規劃圖，就不會缺乏人生方向與大目標了。

如果清楚自己的人生往哪裡去，知道要將自己打造成什麼，即使一路走來顛簸失意，也不會因一時失落，覺得疲憊不堪、抱怨連連。如果能做到這樣，必能走出職業倦怠期。

26 偶爾也放慢你的腳步

城市中的人，不知為什麼總是如此飛快地生活著。快節奏的生活方式，使我們這群生活在城市裡的人失去了許多美景與回憶。朱自清曾在《匆匆》中這麼說道：「洗手的時候，日子從水盆裡過去；吃飯的時候，日子從飯碗裡過去；默默時，並從凝然的雙眼前過去。我覺察他去的匆匆了，伸出手遮挽時，他又從遮挽著的手邊過去。天黑時，我躺在床上，他便伶伶俐俐地從我身上跨過，從我腳邊飛去了。」難道人生只有時間最珍貴？難道人生只剩時間？

時間是人生的主幹道，是人生的生命線，但不是人生的全部。花花世界有太多的東西等待人生的經過，人生中匆匆帶來的也許是物質的財富，卻帶不來真正的精神富足。也許很多人都認為，忙碌是一種美德。可事實是，只有我們忘記這虛偽的表面現象，我們才能發現什麼事情才是最重要的。

停止忙碌，也不要再煩惱那些無法完成的每一件事。當你給自己多一些空間，不再那麼匆忙時，許多好點子會自動浮現。你的好點子不會因為你陷入忙碌而出現。相反的，在忙碌的空閒時，當你靜靜獨處時，智慧才會常常浮現。從今天開始，試圖讓你自己變得比較「悠閒」一點，多和家人朋友相處，結果一定會讓你感到驚喜。

該休息時就休息，即使我們多麼沒時間，也必須強迫自己這麼去做。因為處理某件事情過於長久時，就會感到事物變得單調，也使自己變得更容易疲乏。況且，長久維持不變的姿勢，也不見得對健康有益。與其沒有效率地乾耗著，為什麼不起來走動一下呢？說不定經過活動，思維又活躍起來了。

我們不是機器，是無法不間斷地工作的。不管你是坐著或站著學習、工作，同一姿勢只要超過一個小時，你的身體就會產生疲勞現象，精神會漸漸無法集中，效率也就開始下降。如果這時能適時地進行短暫休息的話，休息過後，你的效率會比不休息時高多了，那休息時造成的微小損失算什麼呢？

你可能和很多人一樣，不到身體實在支撐不了的地步，就絕對不會停下來休息。那麼，從現在開始你就得改改這個壞毛病了。當你感到肌肉緊繃、背痛、輕微的頭痛、疲累的雙眼、無法集中注意力等狀態時，一定要休息！休息並非意味什麼事也不做。休息的意思，是要你放慢腳步、放鬆自己緊張的情緒。散步是一種休息；躺到床上也是一種休息；看場電影、讀一本好書、看電視、聽音樂，甚至和朋友打電話等等，都是一種休息。

休息能使你的身體釋放緊張情緒，使身心重新回復到一個正常平衡的狀態。一旦你得到充分的休息，你在工作、學習時就會更有活力、更有衝勁。英國前首相邱吉爾（睡午覺的支持者）是這麼說的：「很抱歉，每天中午我都必須像個小孩子般上床睡覺，可是睡過午覺以後，我就能一直工作到半夜一、兩點，甚至更晚。」

在總是令人焦慮的快節奏生活中，也許另一種時尚將悄然流行，這就是慢慢地生活。只爭朝夕式的觀念可能要修正一下，人們發現強迫自己加快生活的節奏是多麼的不值得，多少快樂從身邊閃過，而捨棄它們的理由竟是因為習慣。

下午，陽光溫暖地曬在皮膚上；一杯咖啡，安安靜靜，飄著它獨有的芬芳；要來點音樂嗎？拿本雜誌……放慢節奏，才發現生活原來可以是這個樣子。熱愛生活的人們，請偶爾放慢生活的腳步吧！那沿途的美麗景色帶給你的，不僅僅是愉悅的感受，還有對人生的思考。今天在路邊的逗留是為了明天走得更好。

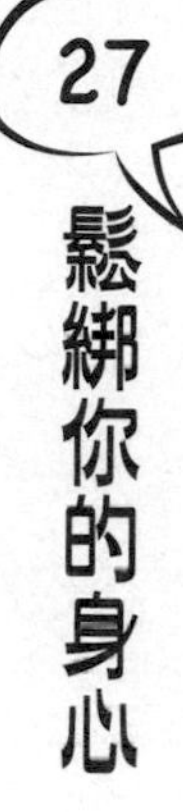

鬆綁你的身心

浩瀚無垠的大西洋海面上空，出現了一個龐大的鳥群。數以萬計的海鳥在天空中久久地盤旋，並不斷發出震耳欲聾的鳴叫。

更為令人驚詫的是，許多鳥在耗盡了全部體力後，義無反顧地投入茫茫大海，海面上不斷激起陣陣水花……

世界著名航海家湯瑪斯．庫克船長曾經在他的日記裡記下了上述的奇遇。這件事一直令他百思不得其解。事實上，庫克船長並非是這一場悲壯場面的唯一見證者。在他之前，很多經常在那海域捕魚的漁民都曾被同樣的景象所震撼。

鳥類學家們對這種現象也無法作出解釋。在長期的研究中他們發現，來自不同方向的候鳥，會在大西洋中的這個地點會合。但他們一直沒有搞清楚，那些鳥兒為何會一隻接一隻心甘情願地投入大海。

這個謎終於在上個世紀中期被解開。原來，這些海鳥葬身的地方，很久以前曾經是個小島。對於來自世界各地的候鳥們來說，這個小島是牠們遷徙途中的一個落腳處，一個在浩瀚大海中不可缺少的「安全之島」，一個在牠們極度疲倦的時候可以棲息的地方。

然而，在一次地震中，這個無名小島沉入大海消失了。遷徙途中的候鳥們仍然一如既往地飛到這裡，希望稍作休息，擺脫長途跋涉後的疲憊，積蓄力量開始新的征途。

但是，在茫茫的大海上，卻再也無法找到牠們寄予希望的那個小島了。早已筋疲力盡的鳥兒們只能無奈地在曾經的「安全之島」上空盤旋鳴叫，盼望著奇蹟出現。當牠們終於失望的時候，全身最後的一點力氣也已經消耗殆盡，只能將自己的身軀化為汪洋大海中的點點白浪。

同樣的，在緊張忙碌的生活中，在人生漫長的旅途中，每個人都會有身心疲憊的時候，也都需要一個棲息的地方。適當的時候，我們是否能讓自己的心靈稍作放鬆？

騰出時間將心靈鬆綁，找個地方讓自己歇歇腳，不要像那些海鳥，等到筋疲力

盡的時候，面對已經沉沒的「島嶼」，只能無助地將自己的生命斷送在無底的深淵。

下班的時間越來越晚，回家的欲望越來越少，公司裡的人越來越多，心裡的壓力越來越大。在每一個經濟高速發展的城市，一群忙碌於各個辦公大樓之間的都市職業人，開始越來越多地把公司當作自己的家。

在光鮮的外表之下，是無休止的加班，創意枯竭的煎熬以及與外部交往的隔絕。在夜深人靜的時候，他們也經常告誡自己不要如此拼命，規劃著明天就開口向公司主管請假，去外地度過一個美好假期。但是天亮之後，新的任務又催促自己匆忙上陣，於是一個新的輪迴又將開始。

日復一日，年復一年，週而復始地操作，機器都可能「報銷」，更何況是血肉之軀的人。你要警惕，你可能已被一種稱為「慢性疲勞症」的疾病纏上卻不知，但是你還能不斷地為生活奮鬥，因為你認為身子還能撐得下去。

大部分的人不把這種症狀視為病症，進而掉以輕心。其實這會嚴重影響個人的學業、工作和日常生活。嚴重的長期性疲勞，可能會成為其他病症的預兆。這種強烈的疲勞感如果持續半年或更長，便會時常出現輕微發燒、咽喉痛、淋巴結腫大、集中力降低、全身無力等病症。身體長期處於疲勞狀態，會造成體內荷爾蒙代謝失調、神經系統調節功能異常、免疫力減低，同時也會引起肩膀痠痛、頭痛等自律神經失調症狀，感染疾病的機率也提高。那麼，到底是什麼東西讓我們為之疲於奔命呢？

1. 過分追求完美

追求完美是成功者的特質之一，但過分追求完美勢必導致精力、體力過分投入。追求完美的人上班時忙忙碌碌，下了班仍用盡心思，任何一點小的瑕疵就過度自責，或者是花費更多的氣力去改善、彌補。

2. 過分追求優越感

每個人的內心都或多或少有自卑感，正是這種自卑、自我不滿足才促使我們去完善自我。如果過分地追求「比別人強」的優越感，用「永爭第一」來掩蓋自卑，就會使自己顧不上身體的不適而不停地忙碌下去。

3. 過分地擔心失敗

我們曾對每天工作時間超過八小時的受訪者進行的調查發現，百分之六十四點一的受訪者認為自己超時工作的最大原因是「由於競爭激烈，擔心失去工作」。

曾有一項研究結果顯示，那些榮獲過奧斯卡金像獎劇作家的壽命較演員較短。

研究人員告誡那些爭強好勝者：爭強好勝固然是一種積極的生活態度，但在實現自己奮鬥目標的過程中，也應多考慮自己的健康需求和體能極限。

長期通宵達旦地工作，會使體內產生許多毒素。而有些毒素會隨著血液進入大腦，引起中樞系統的「中毒」症狀。疲勞，是一種信號，它提醒你，你的身體已經超過正常負荷。出現疲勞感就應該進行調整和休息。如果長期處於疲勞狀態，不僅會降低工作效率，還會誘發各種疾病。

過度疲勞與過勞死有相關性但不是直接原因，過勞死往往有一些較嚴重的基礎病因。但過度疲勞可以使這些病因加重或是導致發病，造成不良後果。所以避免過度疲勞可以預防和減少由此導致的嚴重後果。

朋友們，在緊張忙碌的生活中，我們每個人都會有身心疲憊的時候。適當的時候，我們是否該讓自己的心靈稍作放鬆，是否該擁有一個可讓自己喘一口氣、稍事休整的地方？騰出時間讓自己的心靈鬆綁，少一些急於求成，少一些追名逐利，少一些鬱鬱寡歡，少一些浮躁……請不要等到自己筋疲力盡的時候，無助地將自己的生命一頭栽進無底的深淵。

28 調節情緒，振奮精神

在現實生活中我們經常會有這樣的感受：有時候心情會突然不好，上班時又被許多麻煩事弄得心煩意亂，做事也沒規則，東一下，西一下，什麼事也辦不成，一天下來，可能早已疲憊不堪；而又有時候，心情頗佳，工作中也諸事順心，做事情總是有條不紊，儘管忙得連飯都沒辦法吃，但仍覺輕鬆愉快，毫無疲倦之感。從這些事中我們可以清楚地看到，疲勞深深地受著情緒的影響。

那麼，有什麼辦法可以讓情緒變好，進而解除疲勞呢？一般說來，做做體操，保持健康、愉快、積極、向上的情緒是預防疲勞的最好方法。簡單地說，就是要求人們學會適當地放鬆自己，這樣才可以忘掉緊張和煩惱。

賈可布森是芝加哥大學一位有名的心理學教授，他告訴人們：「解除疲勞的有效辦法是精神放鬆，而最有效的放鬆部位便是眼部肌肉，因為眼睛消耗的能量佔全

身神經消耗能量的四分之一左右。如果眼部肌肉得到了放鬆，人們將會獲得一種輕鬆感，進而可以忘掉緊張與煩惱，解除疲勞。」

另外，消除疲勞的靈丹妙藥還有微笑。笑可以鍛鍊全身肌肉，對放鬆全身、驅散緊張有很好的效果。更重要的是微笑還是心情愉快的產物。當我們精神緊張，情緒不好時，不妨閉上雙眼，面帶微笑，在心裡給予自己積極的暗示：「不要皺眉頭，不愉快就會過去的，應該以微笑面對生活……」如果我們在心情不好時能夠做到這樣，相信會有事半功倍的效果的。

適當的休息並參加一些體育娛樂活動，或欣賞一曲優美的音樂，或看幾幅秀麗的風光照片，或到郊外散散步，這樣都可以克服焦慮心理，消除緊張和疲勞。愉快的生活會使我們更加充實，能將我們從疲乏中解脫出來。

現代人的精神疲勞主要表現為：夜不能眠、噩夢不斷、容易驚醒、頭昏腦脹、無精打采、煩躁易怒、食欲不振、記憶力減退、注意力不集中等。競爭激烈、心理壓力重、經常加班、職業不稱心、工作難度大、企業虧損、住房擁擠、鄰里反目、物價上漲、噪音污染、家庭糾紛等……這些都是造成精神疲勞的主要原因。

長期處於不愉快的情緒中，便會出現情緒困擾、心態失衡以及精神疲勞等等的症狀。久而久之，便會影響身心健康，甚至引起身心疾病，現代的人們絕對不能忽視這一點。當出現精神疲勞時要懂得學會自我調節。在平日上班或在家時也可以用以下方法調節自己，這算是一種抽象的精神振奮。

1. 自我調節

我們在緊張工作之餘，應該學會自我調節。睡覺無疑是消除軀體疲勞的良策，但對消除精神疲勞來說只是消極辦法。積極的休息方法是該根據自己的興趣愛好、性格特點，採用聽音樂、散步、跳舞、下棋、打牌、打麻將、看電影等不同的方式，因地制宜進行精神調節。

2. 注意休息

在做同一份工作時，有些人容易疲勞，另一些人卻不容易疲勞。這些不會疲勞的人主要就是他們懂得休息。在工作告一段落時最好稍事休息，可以閉目養神，也可以伸伸腿、彎彎腰、揮揮手臂或做做體操、眼睛保健操，或泡杯茶、喝杯咖啡、吃塊巧克力等。

3. 保持良好的心態

如果心情不好時，可以找親朋好友傾訴，當訴說完自己的心事後，心情就會好

多了。

4. 豐富生活內容

除了工作，我們也要懂得適當地放鬆自己。假日可以和家人或朋友去郊外或公園散散心，不定期外出旅遊。會休息的人才會工作，會休息的人才能消除精神疲勞。如果大家都能騰出時間去做，相信一定能走出疲勞，迎接輕鬆。

別讓自己不高興
50條不生氣法則

Chapter5 戰勝挫折，向前走要拋棄悲傷情緒

人生路上，難免遭遇挫折，此時的我們不要悲傷，相信苦難與挫折是一所「大學」，它只能豐富著我們成長閱歷。拋棄悲傷之情，尋找一個新希望，努力奮鬥，你會很快忘記失敗的痛苦與彷徨，重新煥發出生命的活力。

Never underestimate your power to change yourself!

29 別為昨天流淚

世上沒有永遠的失敗，只有因放棄而失敗的。就像冬天的酷寒無法扼殺生命的躍動，巨大的困難無法摧毀我們的力量。面對著挫折，調整好心態，改變一種態度，我們將擁有全新的一切。懷著一顆感恩的心，不要為昨天流淚，不要為過去悔恨不已，這樣才能無愧於我們的人生！

很多時候，我們明明是站在今天，卻總是會回首昨天，對逝去的昨天念念不忘。這樣說，不是因為昨天和我們無關，而是很多時候，是為了自己能夠生活得更好。不管昨天的你是成功的還是失敗的，都已經成為過去式。儘管它也會對你的今天和明天有所影響，但已不能成為最終的決定因素。我們要嘗試著忘記昨天，尤其是不能為昨天而流淚，因為明天將會是嶄新的一天。

我們能夠做到今天不為昨天流淚，最好的辦法就是不做會讓自己後悔的事。如

果我們想要獲得成功就要做到未雨綢繆。這樣將來才不至於為了昨天的失誤而後悔不已。

倘若昨天發生了你無法阻止的事情，就不要總是讓它影響你的情緒。你要把注意力集中到明天新的事情當中，這樣才能有新的機會。如果把精力用在為過去而後悔，那麼你將一事無成。

在每個人手中，昨天、今天、明天哪個是最重要的呢？

其實，今天是最重要的。昨天已經過去了，而明天還未來到，只有今天才是把握在自己手中的，今天你的所作所為是決定自己成敗的關鍵。如果活在過去的陰影中，走不出來，成功始終都不會落在你頭上。如果你用積極的態度面對今天，甩掉昨天的包袱，不去奢望明天，這樣成功的機會才會更大。

如果昨天的你是輝煌的，請不要陶醉其中，因為那已是過去式。只要今天的你不好好努力，一直沉浸在昨天當中，你就有可能從成功的高處跌落下來。

如果昨天的你是失意的，請不要為它流淚，因為它已經成為歷史。只要今天的你好好努力，就有可能會迎接新的成功。不管昨天的你是什麼樣子的，絕對不要被它牽絆，把握今天才是最重要的。

我們在日常生活中遇到挫折時常發出這樣的感慨：「人生不如意之事十之八九」。的確，縱觀芸芸眾生，有誰能一生都活得春風得意，一帆風順，無波無瀾？答案是否定的。每個人的世界背後總有殘缺，命運就如一葉顛簸於海上的小舟，時刻會遭受波濤無情的襲擊。我們應學會忘記，忘記過去生活中不如意事帶給我們的陰影，不要常常為昨天流淚。不能有這樣的想法：「想要把你忘記真的好難」，也不能固執地搖著頭說：「痛苦的往事無法說忘就忘」。

我們不妨退一步，想一想，給人類帶來光明的太陽也有黑子，陰柔之美的月亮也有陰晴圓缺。既然，萬物都是如此，又何況我們渺小的人類呢。這樣想也許就能漸漸地擺脫昨天的陰影，坦然地面對今天的自己，微笑地迎接明天的生活。

也許我們曾經躊躇滿志，豪情萬丈，想大展宏圖，而生活的道路卻總是跌跌撞撞，崎嶇不平；也許我們樂於平凡，甘於淡泊，嚮往寧靜，而生活的海洋卻總不時掀起風浪。於是，我們會因為很多不如意的事而感到彷徨、失意和痛苦，而所有的這些煩惱，其實都是我們自己造成的。主要一個原因就是我們沒有學會「忘記」，總是對那傷心的昨天念念不忘，對過去的不如意耿耿於懷。今天的我們往往還被憂傷佔據著，在不知不覺中與寶貴的今天失之交臂。

既然我們想要獲得成功，就不可避免地會遇到失敗，因此，我們應學會忘記失敗的昨天，不能只會為昨天哭泣。不要總把命運加給我們的一點痛苦，在我們有限的生命裡拿來反覆咀嚼回味，那樣將得不償失，百害無一利。一味地緬懷和沉醉其中，只能使我們意志薄弱，長久下來，必然會導致我們錯失時機以至一事無成。如此下去，我們的痛苦只會與日俱增。

某位教授在一次關於生活藝術的演講中，拿起一個裝著水的杯子，向在座的聽眾問道：「猜猜看，我手中的這個杯子有多重？」

大家紛紛猜測道「三十克」、「七十五克」、「一百克」……

「其實，我也不知有多重，但我拿著它一點也不覺得累。」教授說，「現在，我想問大家，如果我這樣拿著幾分鐘，會有什麼樣的結果？」

大家回答：「不會有什麼變化。」

教授再次發問：「如果像這樣拿一個小時呢，又會怎樣？」

有人回答：「手臂會有點痠痛。」

「說得對。如果我這樣拿著一整天呢？」

另一個人說道：「手臂絕對會變得麻木，肌肉說不定會痙攣，到時可能還要去醫院。」

「很好。在我手拿杯子期間，不論時間長短，杯子的重量有發生變化嗎？」

「沒有。」

「那麼拿杯子的手臂為什麼會痠痛呢？肌肉為什麼可能痙攣呢？」教授停了一下後又問道：「我不想讓手臂痠疼、肌肉痙攣，那該怎麼做？」

又有人回答：「您不如把杯子放下，這樣就可以了。」

「是的。」教授說道，「其實在某種程度上來說，我們在生活中遇到的問題，有時就像我手裡的杯子，拿幾分鐘沒事。但是，如果長時間地不願將它放下，它就很可能讓你筋疲力盡。長期下去，你的心理必然承受不了這樣的重負，到那時你就會徹底崩潰了。」

你的手中是否在拿著昨天失敗的杯子、挫折的杯子、懦弱的杯子呢？如果我們不能學會適時地放下這些杯子，就無法輕鬆地面對生活。放下，是為了明天更好地拿起。

生活中的問題固然要重視它，不能忽視，但不能老是拿在手上。不要總惦記著它，要適時地放手，讓自己放鬆。不然，不知不覺間你會被它壓垮。

忘記昨天，是為了有一個嶄新的今天。當我們為一時的得失所羈絆時，我們必須懂得應該怎樣讓慘敗的昨天變成凱旋的明日。忘記昨天的煩惱，你可以輕鬆地面臨未來的再次考驗；忘記昨天的憂愁，你可以盡情地享受生活賦予你的樂趣；忘記昨天的痛苦，你可以擺脫糾纏，讓整個身心沉浸在悠閒無慮的寧靜中，體會人生多姿多采的繽紛。

忘記他人對你的傷害，忘記朋友對你的背叛，忘記你曾有過的被欺騙的憤怒、被羞辱的恥辱，你會覺得自己已變得豁達寬容。你已能掌握住自己的生活，會更加主動、有信心，去開始全新的生活。在人生的旅途中，遇到磨難是必然的，就像有一句話說的：「不經歷風雨怎麼見彩虹，沒有人能隨隨便便成功！」朋友們，請把握今天，不要再為昨天而流淚了！

30 人生沒有草稿

人生沒有草稿，決定了就不要後悔！

傑克和威廉姆斯是同班同學，兩人同時報名參加了英語演講，但是只能從他們倆人中選一個代表他們班參加初賽，因而在一節英語課上，老師開始了選舉唱票。

「傑，傑，傑，威，威，威……」唱票的同學忙得不亦樂乎，傑克卻緊張得手心出汗。在唱票的短短幾分鐘，傑克像熬過了漫長的一堂課，時間走得是如此之慢。唱票結束，傑克鬆開矇在眼上的手看去：差距懸殊！有十票的差距，而輸的人，是傑克。全班六十對眼睛都看著傑克，那夾雜著可惜、幸災樂禍、好奇的目光將傑克看得面紅耳赤，還有人小聲地說了句：「自不量力！」

傑克鼻子一酸，失落且不甘心的淚水爭先恐後地湧出。傑克不明白：為什麼有

人說我自不量力，我的努力他們都沒看見嗎？

想當初傑克決定報名參賽時，傑克的同學很不屑地說：「別後悔哦。」不過，傑克滿懷信心說：「只要我決定了，就會做到底，做得完美！」

此時，有人安慰傑克道：「別哭了，人家本來就是上過英語補習班的人，你一個業餘選手怎麼能跟他比呢？」傑克沮喪地趴在桌上，就像一具死屍，一點生氣也沒有。

傑克覺得當時的決定是錯誤的，甚至他還覺得有點後悔了。但是，第二天下午的英語課上課前，老師宣佈了一個好消息：「鑒於有的班級英語口語水準較高的同學比較多，學校又增加了幾個名額。」

頓時，全班的掌聲如雷般響起，因為這意味著傑克也可以進入決賽了。此時，傑克不禁感覺自己是天下最幸福的人，之前的努力沒有白費！

事後有人再問傑克：「你後悔嗎？」

「不後悔了！」傑克興奮地說道。

故事中的男主角，從備賽前的信心百倍，並揚言不後悔變為失敗後對決定的動搖，就好比把人生當作了一份草稿，可以隨時後悔。

每個人總希望自己人生的畫卷是完美無瑕的，但事實卻往往都不是盡如人意。既然如此，當我們做好一個決定時，就不要後悔，即使失敗了也無憾。

鮮花會因看似不對稱的花瓣而更有情調，美玉會因一絲瑕疵而更加真實，人生何嘗不是如此呢？我們的人生不是一份草稿，我們的每一筆都無法改變。不要苛求人生完美，決定了就不後悔。其實失敗也能帶給我們人生的另一種閱歷，這樣，會讓我們的人生才能更加深沉、更有底蘊！

不要因為過去的失意而後悔，當我們向前走而拋棄昨天的悲觀情緒時，會發現人生新的希望又被點燃了。地球每一天都在不停息地運轉，成功的人則會每天為自己上緊發條，奔向自己的心中目標。

曾有一位著名的心理學教授給學生們出過這樣一道選擇題：A只讓自己站在原地，不上緊發條；B雖然不知道前途如何，但仍然上緊發條向前邁步。有一位同學毫不猶豫地選擇了B，同時他還說了一句：「我相信盡志則無悔。」十幾年後，這位同學成了一位成功的企業家。

在很小的時候，老師、父母經常教育我們：「一個人是應該有自己的志向的」，

志向是我們開往夢想之船的燈塔，照亮我們前進的方向。當我們邁出人生的第一步時，我們人生之船就開始啟航了。海的表面是平靜的，但是卻暗藏著危機。我們會飽經風吹雨打，也可能因裝備不全，糧食不足而導致航行失敗，得重新返回了起點。

我們是否要為這次啟航而後悔呢？並不需要，因為回來的我們已經不再是過去剛出發時的自己了。我們身上多了傷痕，心中多了經歷與勇氣。到達目的地前再多的風雨都只是在我們達到幸福快樂前的考驗，返航是為了累積經驗再出發。

道路不通則另外尋找新的道路駛向目標。這條路上充滿礁石，會使我們跌倒，也會使我們走錯路。如果我們懂得再爬起來，懂得再重新出發，這樣會使我們成長得更快。失敗，總有被我們不斷的努力而戰勝的一天，那時我們就更接近目的地了。

有自己奮鬥目標的人是幸福的。即使在奮鬥的過程中會有失敗，但我們仍能從中獲益不少。事情的結果固然是重要的，但享受過程是更加重要的。不要害怕付出，不要害怕失敗，既然已經決定了就去實施。人生不是一份草稿，可以隨意更改。讓我們一起來勇敢地為希望與夢想奮鬥吧！即使是挫敗了，還可以說：「至少我努力過！盡志則無悔！」

31 每個人都會遭受挫折

勞埃德公司是英國一家著名的保險公司，這家公司曾從拍賣市場買下過一艘船。這艘船自一八九四年下水，在大西洋上曾一百三十八次遭遇冰山，一百一十六次觸礁，十三次起火，兩百零七次被風暴扭斷桅杆，然而它卻從沒有沉沒過。

由於這艘船不可思議的經歷及在保費方面帶來的可觀收益，勞埃德保險公司最後決定把它從荷蘭買回來捐給國家。現在這艘船就停泊在英國薩倫港的國家船舶博物館裡。

不過，卻是一名來此觀光的律師使這艘船名揚天下的。當時，他剛打輸了一場官司，委託人也於不久前自殺了。儘管這不是他的第一次失敗辯護，也不是他遇到的第一例自殺事件，然而，每當遇到這樣的事情，他總有一種深深的負罪感。

有一天，他來到薩倫船舶博物館。當他看到這艘船時，忽然有一種想法，為什

麼不讓委託人來參觀這艘船呢？於是，他把這艘船的歷史抄下來和這艘船的照片一起掛在他的律師事務所裡。每當有商界的委託人請他辯護，無論輸贏，他都建議他們去看看這艘船。他想讓他們明白：在大海上航行的船沒有不帶傷的，這時就看你的意志是否堅定了。

的確，正如航行在大海上的航船，在人生的征程中每個人都會遭受挫折。

在德國的一家造紙廠內，有一個造紙工人在工作時不小心弄錯了配方，生產出了一批不能書寫的廢紙而被老闆解雇。

因為失業，他灰心喪氣，愁眉不展。此時，他的一位朋友勸他：「任何事情都有兩面性，你不妨變換一種思路看看，也許能從錯誤中找到有用的東西來。」

於是，他發現，這批製造出來的廢紙可以吸乾家庭器具上的水分，吸水性相當好。接著，他把紙切成小塊，取名「吸水紙」，拿到市場去賣，竟然十分暢銷。後來，他申請了專利，並因此發了大財。

下面還有一個故事也講述了同樣的一個道理：

巴雷尼由於在小時候生了一場大病而殘疾了。母親的心就像被刀割一樣，但她還是強忍住自己的悲痛。因為，她知道孩子現在最需要的是鼓勵和說明，而不是媽媽的眼淚。

於是，她拉著巴雷尼的手說：「乖孩子，你能夠答應媽媽一件事嗎？媽媽相信你是個有志氣的人，希望你能用自己的雙腿，在人生的道路上勇敢地走下去！」

聽到母親的話，巴雷尼「哇」的一聲，撲到母親懷裡大哭起來。

從此，只要母親一有空就陪巴雷尼練習走路，做體操，常常累得滿頭大汗。有一次母親得了重感冒。但是她為了做到以身作則，儘管發著高燒，還是下床按計劃幫助巴雷尼練習走路。大小的汗珠從母親臉上滴下來。她擦完汗水後仍然咬緊牙，幫巴雷尼完成了當天的鍛鍊計畫。

在母親的幫助下，體育鍛鍊彌補了由於殘疾給巴雷尼帶來的不便。母親的以身作則，更是深深教育了巴雷尼。同時，他還刻苦學習，學習成績一直在班上名列前茅。最後，他以優異的成績考進了維也納大學醫學院。大學畢業後，巴雷尼致力於

耳科神經學的研究。最後，終於在自己的努力下，登上了諾貝爾生理學和醫學獎的領獎臺。

遇到挫折不要緊，即使被挫折打趴了也無所謂，關鍵是有沒有跌倒後再爬起來的那股勇氣。人生就好比一條漫長的旅途，其中有平坦的大道，也有崎嶇的小路，有燦爛的鮮花，也有密佈的荊棘。在這旅途上每個人都會遭受挫折，而生命的價值就是堅強地闖過挫折，衝出坎坷！跌倒時，不要乞求別人把你扶起；失去時，不要乞求別人替你找回，只要一切靠自己不懈地努力也能取得最後的成功。

在人生這條路上，我們免不了會失敗。換一個角度來說，即使輸了失敗了，也是人生中遇到的挫折罷了，這在所難免！

輸了並不意味著比別人差，也不意味著以後不會成功，更不意味著這是人生的終點。成功人士總會說這樣的一句話：「失敗的終點往往是成功起點。」只要你敢於正視失敗，敢於拼搏，你一定會獲得成功的。

人生就像奔騰的大海，沒有島嶼和暗礁，就難以激起美麗的浪花。同樣，失敗也是我們人生畫卷中的一番景象。我們要善於把失敗作為動力，用寬廣的胸懷，撫平那微不足道的創傷。當我們在迷惘失落而又無所作為的日子裡，只要我們努力，就會發現在陰霾下仍然挺立的蒼松翠柏，即使在黑夜路上仍然有閃爍的星輝，只要擁有堅定的信念就一定能超越失敗。

如果生活中有一千個理由讓你哭泣，你就要拿出一萬個理由笑對人生。如果我們保持「不管風吹雨打，勝似閒庭信步」這樣一個心態，就能憑著自己破釜沉舟的鬥志勇往直前。

我們要平靜地接受得失，要從容地面對環境。路就在腳下，不管過去多麼暗淡，不管未來多麼輝煌，一切的過去都以現在為歸宿，一切的未來都以現在為起點！

面對挫折，讓微笑點綴人生。「風力掀天浪打頭，只須一笑不須愁。」無論遇到了什麼挫折，請不要忘記微笑。因為微笑是普照生靈不息的陽光，更是一份難得的豁達與美好。

在生活中，我們會經歷快樂也會經歷難言的痛苦。但是，無論在我們面前的將會是什麼，我們都要時時提醒自己：微笑著面對一切吧！微笑，是在樂觀中採擷一份坦然，你會更加從容地面對一切成就；而痛苦歎息，則是在悲觀中摘下一片沉鬱的葉子，只能削弱你積存的力量。

每個人都會遇到挫折與失敗。我們不如留一個微笑給挫折吧，它便會悄然轉身離去；再留一個微笑給失敗，它會成為推動你前進的動力；還可以再留一個微笑給黑暗，它會引領你去追趕新的明天。留微笑給過去的昨天，會成就你美好的將來。

學會微笑地面對挫折吧，它是我們迷惘時波濤般的勇氣，是我們失落時靠山般的慰藉，是我們炎熱時涼爽的清風，也是我們寒冷時的溫暖爐火！

32 增強自己的「抗挫能力」

曾經有一個偉大的蘇格蘭國王羅伯特．布魯斯，他在被可惡的叛徒驅逐出去後，以蜘蛛為榜樣，克服了重重困難，終於回到了他自己的王國。

他為了把他的王國奪回來，打了許多仗，卻一次又一次地失敗了。於是他開始認為這一切都是白費力氣，他曾想放棄，不再奮鬥。

有天清早他醒來，躺在床上，看見一隻蜘蛛在結網。這蜘蛛正要把一根絲從屋子的一頭牽到另一頭。牠試了十二次，十二次都失敗了。第十二次絲斷，牠掉到地上，牠又爬起來再試的不肯放棄，堅持下來，第十三次牠終於成功了。

國王看到這一切，深深被這隻蜘蛛的精神給折服了，他對自己說：「雖然我失敗了這麼多次，可是為什麼我不能再堅持努力呢？誰敢說我最後不能成功？」之後他再次振作了精神，透過努力，終於打敗了仇敵，重新回到他的國家。

人生一定會遇到挫折，面對挫折，不同的人會選擇不同的態度去對待，會以不同的方式去處理，也就導致了不同的結果。

把挫折放大，這樣就無法提高自己的抗挫能力了。經受過大挫折並能從中吸取教訓的人，就能從容面對小挫折了；但是從來沒有受過挫折的人，稍有不如意就會產生激烈的情緒反應。因而我們要提高自己的抗挫能力。

抗挫能力是指一個人對待挫折的承受能力。抗挫能力的大小，跟人的經歷有關，也跟人的意識、意志有關。一個能夠正確對待挫折、意志比較堅強的人，在不如意面前，情緒波動相對就比較少，抗挫折耐力則相對比較高。

生活好比大海一樣，海面不會總是風平浪靜，有時會有狂風巨浪，有時還會有逆流漩渦，而我們則如其中的一葉扁舟，不斷遇到波浪的衝擊。因此，提高自己的「抗挫能力」是很重要的。特別是青少年學生就要不斷地提高自己的抗挫折能力，為步入社會做好準備。

那麼，該如何提高我們的抗挫能力呢？我們要用積極的態度去面對困難和挫折，盡可能地不被挫折擊倒，就算被擊倒了也要爬起來。遇到挫折能爬起來我們就能得到經驗，如果爬不起來將意味著失敗。

面對挫折不妨採取一些措施：對自己能承受的挫折自己承受，承受不了的，可找信任的朋友幫忙解決，說不定能解決大問題。總之，如果我們想要獲得成功，就要千方百計地抗擊挫折，讓抗挫折能力在戰勝挫折中獲得。

首先，要想有很強的抗挫能力，最好從小就開始培養，不能僅僅培養溫室裡的花朵。當人們長大後承受能力和抗挫能力，自然隨著經歷的豐富增強。

西方國家的教育很注重自立，而這正是我們教育中非常缺乏的。正因如此，這最終將會導致現代年輕人心理承受能力差和挫折感強烈。

當一個剛剛學會走路的小孩突然跌倒，國外的家長會鼓勵孩子勇敢地自己站起來，而不會過多理會孩子的哭聲。事實上國外的孩子摔倒之後很少哇哇大哭，因為他們非常清楚哭是一點用都沒有的。這樣的孩子長大了，就很明白一切都要靠自己。

再來看看我們國內的家長遇到這個情況的反應，絕大多數會在孩子大哭的同時，衝上前去抱起孩子，在確認沒有大礙之後，則在好言相勸的同時，照著找到的代罪羔羊——或人、或物，未必是真的造成孩子摔倒的原因，打上幾下，以安慰孩子。雖然這樣可以暫時制止住孩子的哭泣，但卻為孩子以後缺少承受能力、善於逃避責任、沒有抗挫能力埋下了伏筆。

英國哲學家培根說過：「超越自然的奇蹟多是在對逆境的征服中出現的。」巴爾扎克也曾說過：「挫折和不幸，是天才的晉身之階、信徒的洗禮之水、能人的無價之寶、弱者的無底深淵。」我們可以從中看出一個道理，適度的挫折具有一定的積極意義，人們可以在壓力下提升自己的能力和實力，進而能創造出更為奪目的成功。

開普勒是德國著名的天文學家，他在母親的腹中只待了七個月就早早來到了人間，從童年開始便多災多難。

他一直疾病纏身，天花把他變成了麻子臉，猩紅熱弄壞了他的眼睛，一隻手又半殘了。但他憑著頑強、堅定的毅力發憤讀書，學習成績遙遙領先他的同伴。後來因父親欠債使他失去了讀書的機會，他就邊自學邊研究天文學。在以後的生活中，他又經歷了多病、良師去世、妻子去世等一連串的打擊，但他仍未停下天文學研究，終於在五十九歲時發現了天體運行的三大定律。他在挫折面前沒有低頭，把一切的困難都化作了前進的動力，終於摘取了科學的桂冠，成為「天空的立法者」。

我們在經歷一定的挫折之後，才能提高我們的承壓能力和抗挫能力，不經歷風雨哪能見到彩虹。這樣，我們就能獲得事業的成功，並且使自身抵禦風浪的能力得到提升。挫折也是財富，它是閱歷，它是個人素質再上新臺階的基礎。

33 從失敗中爬起來

「失敗是成功之母」這句流傳千古的俗語還是很有道理的。在通往成功的路上，失敗幾乎是難以避免的，但對奮鬥者來說：失敗就意味著向成功又邁進一步。任何事情的成功，都與失敗有著千絲萬縷的關係。

大多數人一遇到失敗，就常常沉浸在沮喪之中、痛苦之中，進而失去了信心，有的甚至還放棄了反敗為勝的機會。難道我們一味地痛苦，就能反敗為勝嗎？難道我們一味地痛苦，就能改變失敗的事實嗎？回答必然是否定的。我們只有堅強地面對失敗，才能從失敗中看到成功的希望。

成功與失敗就像一對雙胞胎，是同時存在的。當你成功的時候，有著將要面對失敗的危機；當你失敗的時候，也有著將要成功的希望。我們是會成功還是失敗，主要取決於我們如何對待它們。

歷史上的很多例子都能說明這點。越王勾踐就是在十年的臥薪嘗膽後攻下了吳國的；愛迪生耗時十年，經歷無數次失敗，才製造出世界第一盞電燈。這樣的事蹟數不勝數。

英國物理學家威廉．湯姆遜也曾說過：「我堅持奮鬥五十五年，致力於科學的發展，用一個詞可以道出我最艱辛的工作特點。這個詞就是『失敗』。」可以說，奮鬥中的失敗，就是一切成功之士登上頂峰的階梯吧。

對奮鬥者來說：失敗也意味著向成功又邁進一步。成功與失敗是一個共同的整體，而失敗則是整體中不可缺少的一部分，我們應當正確看待失敗與成功。面對失敗不要悲觀，不要氣餒，哪怕是一切重新開始，只要能找到正確的方法，就能獲得成功。面對成功也不要驕傲自滿，忘乎所以，要總結成功的經驗，去迎接下一個挑戰。

今天的失敗是新的探索的開始，並不是真正意義上的完結。有的人一輩子都活得戰戰兢兢，因為害怕失敗而不敢行動。這類的人雖然遇不到失敗，但是卻也遇不到成功。他們活了大半輩子卻不知自我有多大的本事，都沒有真正享受過成功時的喜悅。因為他們從來沒有行動過，沒有努力過，他們沒有為了追求屬於自己的幸福

而努力，沒有為了實現自己的夢想而奮鬥過。也可以說即使做事失敗了，走錯了一步，也遠勝於原地不動的人。

貝多芬有句名言：「乞求失敗！」為什麼會要「乞求失敗」呢？因為，每當失敗降臨，你不退縮而是拼命去克服，你便會發覺自己能力有所增長。失敗是你增長才能、獲得經驗的最佳途徑。失敗在悲觀者的眼裡是災難，在樂觀者眼裡是一種考驗。有失敗的考驗，才會更加成熟；有失敗的痛苦，才有成功的喜悅！

失敗使生活波折，但是我們從其中更能學到一些寶貴的東西。「亂世造英雄」過於順利的環境並非是好事，也許只會扼殺人的才華。首先，我們自己得覺得自己是有價值的人，這樣你才有可能會變成有價值的人。其次，人誰無過呢？當我們犯了錯誤時，不要一味地逃避，要設法去糾正它。

有時候，很多人還會告訴自己：「我已經嘗試過了，不幸的是我失敗了。」其實，他們並不瞭解失敗的準確涵義，當失敗後，無法從原地再次爬起來時才是真正的失敗。

很多人的一生都不是一帆風順的，難免會遭受挫折和不幸。但是成功者和失敗者非常重要的一個區別就是：失敗者總是把挫折當成失敗，進而使每次挫折都能夠深深打擊他追求勝利的勇氣；成功者則是從不言敗，在一次又一次挫折面前，總是對自己說：「我不是失敗了，而是還沒有成功。」一個暫時失利的人不會灰心喪氣，那麼他還會有成功的一天。相反的，如果他沒有從這次失利中吸取教訓，還失去了再次戰鬥的勇氣，那就是真的失敗了！

莎莉・拉菲爾是美國著名的電臺播音員，她在三十年的職業生涯中，曾經被辭退十八次，可是她每次都不灰心，而是確立更遠大的目標。最初由於美國大部分的無線電臺認為女性不能吸引觀眾，沒有一家電臺願意雇用她。她好不容易在紐約的一家電臺謀求到一份差事，不久又遭辭退，說她跟不上時代。

莎莉並沒有因此而灰心喪氣。她總結了失敗的教訓之後，又向國家廣播公司電臺推銷她的談話節目構想。電臺勉強答應了，但提出要她先在政治台主持節目。「我對政治所知不多，恐怕很難成功。」她曾一度猶豫，但堅定的信心促使她大膽去嘗試。她對廣播早已駕輕就熟了，於是她利用自己的長處和平易近人的作風，大談即將到來的七月四日美國國慶日對她自己有何種意義，還請觀眾打電話來暢談他們的感受。聽眾立刻對這個節目產生興趣，她也因此而一舉成名。

現在，莎莉·拉菲爾已獲得兩次重要的主持人獎項，而且還自辦電視節目了。她在某次接受記者訪問時說：「我被人辭退十八次，但我並沒有被這些厄運嚇退，我反而讓它成為鞭策我勇往直前的動力。」

再看一個類似的例子。

梅西是美國知名的一位「百貨大王」。一八八二年他生於波士頓，年輕時出過海，後來開了一間小雜貨鋪，賣些針線，但是雜貨鋪很快就倒閉了。一年後他另開了一家小雜貨鋪，仍以失敗告終。

梅西在淘金熱席捲美國時在加利福尼亞開了個小飯館，本以為是穩賺不賠的買賣。豈料多數淘金者沒有淘到什麼金，也沒有錢吃飯，所以，小飯館又倒閉了。

然而梅西並沒有灰心喪氣，他回到故鄉之後，又滿懷信心地做起了布匹服裝生意，可是這一回他不只是倒閉，而且簡直是徹底破產，賠個精光。

此時的梅西還是不死心，他又到新英格蘭做布匹服裝生意。這一回他時來運轉了，他買賣做得很好，甚至把生意做到了街上商店。現在梅西百貨公司位於曼哈頓中心地區，已經成為世界上超級百貨公司之一。

一個人若失敗後便一蹶不起，只看到了挫折帶來的痛感，他就很難取得最後的成功。一個拳擊運動員說：「當你的左眼被打傷時，右眼還得睜得大大的，才能夠看清敵人，也才能夠有機會還手。如果右眼同時閉上，那麼不但右眼要挨拳，恐怕連命也難保！」

有時候生活就有如這場拳擊比賽一樣，即使面對對手無比強勁的攻擊，你還是得睜大眼睛面對受傷的感覺，不是這樣的話一定會輸得更慘。勇於面對挫折，才能堅強地從失敗中爬起來。

34 經驗比挫折更重要

在我們的人生旅途中，前面的路有時看似平坦卻充滿了荊棘，往往使人痛不欲生。百世滄桑，不知有多少心胸狹隘之人因受挫折放大痛苦而一蹶不振；人世千年，更不知有多少意志薄弱之人因受挫放大痛苦而士氣消沉；萬古曠世，又不知有多少內心懦弱的人因受挫放大痛苦而葬身於萬劫不復的深淵……當我們面對挫折和困難時，不應放大痛苦，要面對慘澹的人生，將痛苦縮小。在某種程度上來說，挫折只是我們人生中的一種經歷、一種經驗，可以帶給我們一生的財富。

愛迪生在小時候是個不聰明的小孩，誰能料到他長大後能做出如此大的貢獻，像電燈、電話、電車、留聲機、電影、收音機等一千多種發明或改進，完全是憑著他的超人的研究精神，持之以恆的決心，加上汲取失敗的經驗而取得的。

愛迪生在發明電燈的過程中經歷了很多次失敗，選擇電燈燈絲材料時，經他篩選的礦物、金屬的種類就達到一千六百多種．因為找不到合適的燈絲材料，使得燈泡不能維持一定時間的光亮，有許多人批評和攻擊愛迪生，甚至罵他是「幻想家」、「騙子」、「傻瓜」等，愛迪生自己也確實受到了很大的打擊。然而，憑著對科學的熱愛，他並沒有被此打倒，因為經驗比挫折更重要，所以他重拾信心，繼續研究電燈的製作。經過長時間的不間斷實驗，在排除礦物、金屬物質的同時，他又選用各種纖維，如紙、線、植物的皮，他一共用過約六千多種物質來做燈絲。

有一天，他把試驗室裡的一把芭蕉扇邊上縛著的一條竹絲撕成細絲，經炭化後做成一根燈絲，結果這一次比以前做的種種試驗都理想，這便是愛迪生最早發明的白熱電燈——竹絲電燈。這種竹絲電燈繼續使用了好多年。直到後來，才發明用鎢做燈絲來取代竹絲電燈。

可以想像，在愛迪生做的一千多種發明的過程中，需要經歷多少挫折啊！而他卻知難而進，從來沒有退縮過，經過一次一次總結經驗，用大無畏的精神克服了所有的困難。

正是因為從無數的失敗中吸取豐富的經驗，所以才有了他事業上的成功，才有了我們今天的美好生活。

人生就好比一塊玉一樣，再潔白的玉也有瑕疵，再成功的人生也有挫折和痛苦。面對有瑕疵的玉，有的人會認為它一文不值，有的人卻認為它瑕不掩瑜，正是因為玉有了瑕疵才渾然天成、價值連城。然而，面對人生的挫折和痛苦，有的人卻誇大了挫折，放大了痛苦，感到人生無望。他們不懂得挫折能給人經驗，而經驗又能助人成功，可以說經驗勝過挫折！

亞洲金融風暴過後，經濟一片蕭條，一個破產的青年企業家和一個老企業家偶然相遇了。年輕人滿臉沮喪地告訴老人自己的挫折和痛苦，老人便微笑著對他說：「我已經很老了，所剩的時間還不到你的三分之一；我的公司也很大，重整所需的費用更是你的三倍之多。我現在是一個又老又窮的人，面對挫折和痛苦都打算重新開始，難道你這樣既年輕又精力充沛的人還打算放棄嗎？」

老企業家的一番話讓這個年輕人頓時醒悟。從此他便更加奮發圖強，沒過幾年就將自己的公司發展壯大又重新上市了。

只有聰明的人在面對挫折時才會選擇勇敢面對，並從中獲取成功的經驗與啟示。

因為他們知道，挫折和痛苦並不可怕，可怕的是不敢正確地面對，進而被它們打倒而一蹶不振。如果我們著眼於經歷挫折後獲得的經驗，這樣挫折就會變為成功的基礎！

「從失敗中汲取經驗，培養成功，挫折和痛苦是通往成功的兩塊最穩靠的墊腳石！」這是美國教育學家卡內基的一句名言。人只有在挫折和痛苦中摸索成功之路，汲取從挫折和痛苦中獲得的經驗教訓，才能取得成功！當我們能夠正確面對挫折和痛苦，把挫折和痛苦作為成功的兩塊墊腳石，並將挫折和痛苦轉化為成功的動力時，這就意味著我們即將成功。

很多成功人士都將挫折和痛苦看作是兩塊通往成功的墊腳石。當我們踏在墊腳石上面時，回首走過的路，以高遠的眼光展望未來的廣闊之路，從挫折和痛苦之中吸取經驗，大膽地邁過去，成功近在咫尺！

我們何不將挫折當成一種考驗、一種財富、一種提醒，這樣經驗會比挫折更重要。人生的道路不可能一帆風順，未來可能有更多的風雨等著我們去面對，當我們跌倒了一定要再爬起來，擦去嘴角的血跡，拍去腿上沾滿的浮塵，邁著堅定的腳步向前進。

有時候，我們換個角度看，其實失敗也是人生中一道靚麗的風景線。就好比經受風雨的玫瑰、遭受颱風的果園雖令人無奈，但卻有無限的幽香；還有那秋天凋零的楓葉，雖被狂風掃過，卻被熱血渲染。失敗是成功路上的層層山巒、洶湧的海浪，只有當我們能順利克服它們時，才能到達成功的彼岸。學會從挫折中掌握經驗，這樣才能走向成功！

35 面對挫折你可以說聲「不要緊」

一位教授說過：「『不要緊』這三字箴言可以使人們心境平和，對你們的進步會有很大的幫助。」

假如你容易感到受挫折，建議你在筆記本寫上「不要緊」三個大字，它可提醒你不讓挫折感和失望破壞你的平和心情。

普金斯從懂事以來，就經常見到母親為失眠而煩惱。耳濡目染，久而久之，他也把睡覺當成了沉重的負擔。

中學時代，不管普金斯在考前準備得多麼充分，卻總要為考前能否睡好覺而憂慮，成績也因睡眠品質而起伏。能否睡好覺成了普金斯能否考好試的關鍵，而平時的學習是否有成效倒好像是「無關緊要」的。

普金斯工作後參加高等教育自學考試，開始時也像以前一樣，總因擔心失眠而失眠。但考了幾次以後，他發現有沒有睡好，並不如自己以前想像的那麼重要，只要平時複習好了，即使「昨晚沒睡好」也不怎麼影響考試的發揮。於是，普金斯在心裡默默地想：不要緊。

就這樣，為了睡好覺在臨考前的晚上不複習的習慣沒了，應考時常被「昨晚沒睡好」的意念而擾亂的事也沒了。「不要緊」也讓他漸漸改掉了擔心失眠而失眠的毛病，進而，精神好了很多，學習成績也提高了。就這樣，「不要緊」成了他生活中用以保持內心平衡的一個砝碼。

人生在世，有許多使我們的平和心情和快樂受到威脅的事情。實際上細想開來，很多時候我們都是在自尋煩惱，有些事情並沒我們想像的那樣要緊。

因一時的疏忽而做錯一道考題，因無意的舉動而受到一次批評，因偶爾的閃失而錯過一次機會，每當此時不要悔恨，不妨對自己說聲「不要緊」。

上司對你持有偏見時，「不要緊」，你仍應繼續努力，總有一天他會全面地瞭解你；初戀的情人離你而去，「不要緊」，你仍可活得很精采，心愛的人總會來到你身旁……一個人，在生命的長河裡生活，總會有許多不如意的事，許多威脅我們心靈平靜和幸福的事，這些事說穿了是無關緊要的。如果我們太介意那些無關緊要的事，就會被生活壓倒，壓得自己也喘不過氣來。

挫折是成功人生必不可少的組成部分。由於挫折，你的生命得到昇華，靈魂得到淨化；由於挫折，你才真正開始使用大腦，使用智慧，領悟人生。所以，遇到挫折不是世界末日的來臨，不如鼓起勇氣，重新上路吧。

當我們失戀或離婚時，可以藉由失去愛人這面挫折的鏡子來檢查自己。也許，我們可以發現自己身上存在的缺點，是否感情過度放肆，是否性格桀驁放任？如果，我們一味地陷在失去伴侶的痛苦裡，而不去好好地思考自己究竟是哪裡做得不對、做得不夠好。這樣，當下一段感情來臨的時候，還是會犯同樣的錯誤。不要浪費你的痛苦，從失戀、離婚中學習愛，對自己說聲「不要緊」，同時再檢討自我，這樣，你將更會愛、更有愛的能力。

因為學業的打擊或因為事業的危機，讓你灰心喪氣，一蹶不振。何不在失敗中、在挫折中錘鍊自己，摒棄一切多餘無益對自己是負擔的部分，它們對成功來說是障礙。我們一定不能將頹廢萎靡、喪失希望背負在身上。從這次的失敗、挫折中我們最起碼還會知道此路不通，不如立即轉身，另闢蹊徑，東山再起。

挫折是生命成長和品格成熟的里程碑，不是羞恥的，而是最值得紀念的、最值得感謝的。當我們面對挫折而感到痛苦時，不妨對自己說一聲「不要緊」。

36 在生命的低谷留下堅強的足跡

當我們處於人生的低谷時，如果能樹立堅強的信念、勇於挑戰失敗，只要站起來的次數比倒下多一次，就是成功。

人生中，有低谷也有坦途。低谷雖苦，卻能磨煉人的意志；坦途順暢，卻未必人人都能自由馳騁。在人生的低谷時如果還能看見希望，這樣才能改變自己，才能鍛鍊出超人的智慧。

前南韓總統金大中是個對苦難有著深刻體會的人，因而他更會感激苦難。幾年前他的三個兒子，在長期的逃亡與顛沛流離中，曾創下了輝煌的業績。然而當他們的地位鞏固、處境優越時，卻抵擋不了誘惑，墮落了，一個個因為貪污腐化而鋃鐺入獄。金大中看著自己的兒子這樣，也很心疼，但他希望這能讓他們吸取教訓。

他們在監獄時，金大中經常去探望他們，並教育他們，希望他們能意識到自己的錯誤。過了幾年，他們終於出獄了。經歷了這些事情也讓他們深深體會到，不管是在貧困還是在監獄的日子裡，都要靠自己的意志力走過低谷。

有一位著名哲學家曾說過：「平坦而堅硬的土地上不會留下走過的痕跡，而泥濘的土地上卻很輕易地留下了行走者的腳印。」那串腳印是一種印證，是對苦難、對成長、對櫛風沐雨中的人行走價值的印證，是泥濘對於生命的贈禮。

當人們可以走出低谷、走出泥濘的土地時，就可以使我們的意志更加堅定，即使在困境中也會感激苦難。

沒有人會說：「我的一生定能一帆風順，沒有挫折、困難，也不會有痛苦、打擊。」明智的人都清楚，人生在世，或多、或少、或大、或小都會遭受挫折、失敗與打擊。人的一生不可能一帆風順。也許你現在事事如意、事事暢達，但並不會一輩子都這樣。有時候，人生不如意之事常多，而如意之事常少。

當然，我們也不能因為這樣而悲觀失望，過一天算一天。每個人都要做好心理準備去面對挫折，否則一旦打擊突然襲來，我們就會被打倒。這樣的事例比比皆是：

有人承受不了打擊而跳樓自殺；有人因為成績突然下滑而產生厭學心理；有人與朋友發生衝突想不開而傷害朋友等等。當我們有痛苦時，想想那些處境比我們更糟糕的人，我們就會覺得我們受到的誤解、批評，心中的委屈、煩惱，算不了什麼。同時想想如何應對逆境，如何化解苦悶，如何把困難變為成長的契機。

二十一世紀充滿著競爭和挑戰，作為新一代的我們應該怎麼做呢？是平平庸庸，碌碌無為地混日子；還是努力拼搏，積極實現自己的目標？相信大家都會選擇後者，選擇不一樣的活法，就能活出不一樣的人生。勇於走出人生的低谷！也要勇敢地把自己鍛鍊成一塊鋼鐵，遇到困難不退縮，受到挫折不屈服，即使在人生最困難的時候也要向前看，這樣才能看到希望、看到成功！

Chapter6 肯定自己，做人不要有自卑情緒

你來到這個世界上，與別人頂著同一片藍天，踏著同一塊土地，呼吸著同樣的空氣。只要勇於展示自己的智慧和風采，沒有必要仰視別人。

你擁有一方堅實的土地，有屬於自己的光彩與夢想。要學會肯定自己，走出自卑情緒的陰影。

Never underestimate your power to change yourself!

37 從自卑中成長的自信

如果，你從小到大一直都沒什麼人表揚過你，你與周圍的事物也總是格格不入。這樣長期下來，你慢慢也覺得自己總矮了別人一截。你發現別人總是很優雅，你發現別人總是比你懂得更多，你發現別人對你的評價跟你實際做的不相吻合，因為你想要做到的事情總是不能如願。你發現自己越來越焦躁不安，越來越沒了安全感，你希望自己能不再自卑，讓別人刮目相看，但是卻經常以失敗告終，這時，你開始懷疑自己的能力了。

當你長大懂事後，你明白這是你長期的沒自信帶來的後果，你開始去發掘你自己的內心世界，你發現這種自卑感已經加速到了很高的程度，很難停下來。你腦子裡成天想最多的就是怎麼去取悅別人，怎麼去讓別人認可，你幾乎已經忘了自己究竟想要什麼，仍然總是碰壁。你很彷徨、很孤獨，覺得生活好累，越來越沒有意義，

不知道自己的人生還有什麼追求的目標，發現自己陷在很深的自卑感中，很難跟別人好好地交往和溝通。

自卑感是一種內心體驗，它是由於自我價值被貶低或否定產生的。這種貶低或否定可能來自於外界，也可能來自於當事人自己，不過更多的時候是兩者兼而有之。許多自卑者總是陷於自我的否定之中，覺得自己一無是處，覺得人生毫無希望，因而萬般苦惱。

日本九州大學名譽教授關計夫一生從事人類自卑感研究。他認為：因自卑感而沉淪甚至毀滅的事例，歷來並不鮮見，但就像珍珠貝受損傷後自己會孕育出美麗的珍珠一樣，在自卑感的困擾中，人也會磨礪出完美的人格。關計夫甚至還說過：「全然沒有自卑感，就絕不可能成為一個卓越的人。」透過關計夫的理論，我們可以說：在某種程度上，自卑感是走向成功的踏板，沒有它，成功則毫無指望。

我們不要因為有自卑感而覺感到羞恥，如果我們及時發現它、承認它，並設法彌補它，這樣更有助於我們達到人生的目標。在自卑感的困擾中，人也會磨礪出完美的人格，像貝多芬這樣的全世界公認的音樂家，愛因斯坦這樣傑出的物理學家，拿破崙這樣偉大的軍事家都曾是自卑感的俘虜，但他們及時克服了自卑感，並設法彌補，進而成為了一代偉人。

德摩斯梯尼是古希臘著名的雄辯家，他小時候呼吸困難，聲音微弱，而且嚴重口吃。

當時的希臘非常崇尚雄辯術，因而小德摩斯梯尼沒有因為自己的先天性缺陷而自卑，從小就有一個當雄辯家的志向。為了使聲音變得強而有力，他站在海岸上，口含小石頭大聲喊叫。並且為了增大肺活量，他一邊演說一邊跑步登上小山丘。他還在鏡子前擺著姿勢，練習向觀眾揮手致意，背誦希臘悲劇。

即使這樣，他還不滿足，索性把自己關在地下室，將一邊頭髮剃掉，除了吃飯和睡眠的短暫中斷外，所有的精力都用來鑽研辯論術。二十八歲時，德摩斯梯尼從地下室出來，參加雅典的辯論大賽，取得了完全的勝利。從此，人們把德摩斯梯尼稱為「雄辯之父」，並一直景仰著他。

只要不怕自卑，克服自卑，我們仍然會就一番事業的。「自信是在不自信中成長起來的。」一位資深的心理學家曾這樣說過。每個人都有自卑的情緒，就看我們是如何對待它。如果一味沉浸在自卑情緒中，那麼將一事無成。如果能化自卑為力

量，好好地看待自己的優缺點，既不自卑，也不自傲，心中充滿自信。經常鼓勵自己：我行，我能成功。那麼你必會將自己的自卑心理擺脫得一乾二淨。

我們不能因為自己某些方面的缺陷，就對生活感到厭倦和絕望而產生自卑感。相反的，它應是自己努力擺脫目前困境、超越自我的巨大動力。很多偉人，生平就是一部從自卑到自強的奮鬥史。讓我們一起帶著信心上路，在自信的天空中展翅翱翔，追尋自己的目標。

38 自信的魅力

自信是什麼？自信是感性和理性的累積，是堅強和勇敢的表現。自信的人自有一種風韻：如風中之葦，搖而不倒；如出水之蓮，豔而不妖；如空谷之蘭，香而不驕。自信是驕而不躁，一直站在事業的頂峰。

自信的人明白這樣一個道理：世間萬物一切皆不可強求，皆有定數，不能愛的不要去愛，不能要的不要去強求，不該說的堅絕不說。自信的人知道自己想要什麼，可以得到什麼，絕不是貪得無厭地什麼都想得到。他們同時懂得勇於承擔責任，最重要的還是自信的人都擁有寬容和博大的、如大海般的胸懷。

如果我們把自信看作一個過程，人生會多些沉穩，少些衝動。如果我們把自信看作一個目標，人生會多些成就，少些失誤。如果我們把自信看作一種修養，人生會多些寬容，少些狹隘。自信是人生中一大境界，也是經歷了人生的風雨坎坷和酸

甜苦辣之後的灑脫，是相信自己的一種表現。

我們判斷一個人是否自信，不是從他的年齡大小來看，而是看他的思維以及心態。每個人的人生都是起起伏伏的，當遇到失敗時就要自己調節好心態，正確處理情緒問題。自信不是一天可以形成的，在我們擁有良好的心態、積極的情緒後，再加上自己努力學習奮鬥，日積月累，才能對自己充滿自信。

自信是不經意的一個眼神，是不加雕琢的一個微笑。自信的人在不經意間都會流露出自己的感覺。

余秋雨在《蘇東坡突圍》中也曾這樣寫道：自信是一種明亮而不刺眼的光輝，一種圓潤而不膩耳的音響，一種不再需要別人察言觀色的從容，一種終於停止向周圍申訴求告的大氣，一種不理會哄鬧的微笑，一種洗刷了偏激的淡漠，一種無須聲張的厚實，一種並不陡峭的高度。

只要自己相信自己，肯給自己一份自信，那麼我就是最具有魅力的。自信是每個人成長的基石，是一個人走向成功的資本，不能說凡是具有自信的人都是優秀的，但是，自信的人自有魅力在，人成長離不開自信。

唐代大詩人李白的「天生我材必有用」這一千古名句，告訴我們懷才不遇時不要彷徨、沉淪，要相信自己必有用。這一句話是何等的自信啊！它向我們解讀了人生的價值，綻放著光彩與魅力。

英國作家夏洛蒂・勃朗特的《簡・愛》講述了一位不漂亮但很自信的女人找到真愛的故事。

故事中女主角這樣說過：「我在梳頭時，朝鏡子裡打量一下自己的臉，感到它不再平庸，面容透出了希望，臉色有了活力，眼睛彷彿看到了果實的泉源，從光彩奪目的漣漪中借來了光芒。」面對羅切斯特，她的一段精彩的對話更顯出她自信的力量，「難道就因為我一貧如洗，默默無聞，長相平庸，個子瘦小，就沒有了靈魂，沒有心腸了！你錯了！我的靈魂跟你的一樣豐富，我的心胸跟你一樣充實。」現在，簡的這種自信以及追求民主、自由、平等的愛情還會令我們深深感動，讓我們領悟到人格的尊嚴與愛的聖潔。

蘇菲亞・羅蘭是一位義大利著名女影星，她的外形與其他美豔的女星相比，有太多的缺陷，特別是她的鼻子和臀部。

蘇菲亞初試影壇，導演就要她去做手術以修整她的大鼻子與肥碩的臀，但她相信自己的能力。她認為這就是自己的特色。她勇敢地對導演說：「我要保持我的本

色，我什麼也不願改變！」正是由於她相信自己是最好的，才使她在電影中展示了她與眾不同的美，也正是由於她的長鼻、豐臀、大嘴，使她多了一份不可抗拒的獨特藝術魅力，在觀眾心裡留下了深刻的印象。她憑著自己出色的演技榮獲奧斯卡金像獎。

自信可以給人無窮的力量，也是自信促使人們走向成功。大自然創造了萬物生靈，並賦予了人們各自不同的容顏與智慧。也許你會覺得自己現在太過平凡，太過普通，但是不要灰心，要相信上天是公平的，給自己一份自信，相信自己會有精彩的人生。在人生的旅途中，請大家都堅信自己是優秀的吧！

39 學會「愛自己」吧

人生就如一條漂泊於茫茫大海中的小船，隨著波浪起起伏伏，蘊涵著太多的喜怒哀樂。遇到困難時會哭，會倒下不起。但是，同時人們又很堅強，剛抹去臉上的淚水，瞬間又展歡顏。人們在人生這條路上艱辛地前進著，即使已經傷痕累累，還得駛向人生的彼岸。當我們年老時，回首身後那條痕跡深淺不一的心路，喜憂參半，看著這條路我們不妨試問自己，我們真正做到「愛自己」了嗎？

有一位從小就染患腦性麻痹的病人，她叫黎慧。由於腦性麻痹，她失去了肢體的平衡感，也喪失了發聲講話的能力。從小她就活在諸多肢體不便及眾多異樣的眼光中，她的成長充滿了血淚。

然而，這些外在的痛苦沒有擊敗她內在的奮鬥精神，她堅強地面對這一切困難。

透過自己的努力奮鬥，終於獲得了加州大學藝術博士學位，她用她的手當畫筆，以色彩告訴人「寰宇之力與美」，並且燦爛地「活出生命的色彩」。

「妳從小就長成這個樣子，請問妳怎麼看自己？妳都沒有怨恨嗎？」有同學這樣問過她。

黎慧用粉筆在黑板上重重地寫下「我怎麼看自己？」這幾個字。她寫字時用力極猛，有力透紙背的氣勢。她停下筆來，回頭看著發問的同學，然後嫣然一笑，又在黑板上龍飛鳳舞地寫下了如下幾行字：

一、我好可愛！
二、我的腿很長很美！
三、爸爸媽媽這麼愛我！
四、上帝這麼愛我！
五、我會畫畫！我會寫稿！
六、我有隻可愛的貓！
七、還有……
八、……

教室內頓然一片鴉雀無聲，她回過頭來鎮定地看了大家一眼，又轉過頭去，在黑板上寫下了她的結論：「我只看我所有的，不看我所沒有的！」

每一個人都會有自己的優點，但是，細細想來，我們有誰像黎慧那樣給過自己掌聲呢？

總有人經常抱怨：「我真是不行啊，這也做不好，那也做不好，總是比別人差。」對一個自卑的人來說，他會當眾說出愛國家、愛人民、愛父母、愛子女、愛老師、愛學生……卻唯獨沒有勇氣說出愛自己。

由於自卑者在以往的失敗和自我否定下，會不知不覺地產生輕視自己、埋怨自己、虧待自己、奴役自己、委屈自己、束縛自己、作賤自己、壓抑自己的心情，使心靈煎熬著、掙扎著。就這樣自卑產生了，自信消失了，隨之消失的還有志氣、理想、信念、追求、憧憬、主見和創造的精神。

自卑者都習慣於對自己說「不」，例如「我不會」、「我不好」、「我不行」……這種貶低自己、否定自己並不會給自己帶來輕鬆和快樂，反而會使心情越來越灰暗，自卑感越來越重。也許，對自己換一種說法，可能就會輕鬆很多。例如當我們已經

努力但成績總是不好時，試著這樣說：「怎樣努力才能真正提高學習效果？」當我們害怕換另外一份工作還是會做不好時，不妨這樣說：「換一份工作先做做看，改變一些工作方法，也許會有一些進步。」當努力後總是達不到期望時，可以這樣說：「也許我的每一次努力都比以前更進一步。」不能一味地貶低自己，要學會愛自己。

愛自己的第一步是要把「不」字從自己行動的字典裡除去。著名心理專家說過：生活中充滿了暗示，我們時刻在受暗示的影響。例如當一個人說自己「不好」時，他可能就會在潛意識向別人證明自己就是不行。一個時刻貶低自己、否定自己的人，可能處處都沒別人表現得好。

去掉消極的暗示，多給自己灌輸積極的暗示，讚美自己、鼓勵自己，是每一個愛自己的人給自己的最好的禮物，是愛自己的最好表現。

只有懂得愛自己的人，才能做到真正的豁達與進取；也只有愛自己的人，才能用心去愛別人；只有懂得愛自己的人，才能體會到艱辛後的甜蜜；也只有愛自己的人，才有勇氣去承受世事的無常。

愛自己，才能做到柔韌！

愛自己，才能更加勇敢！

愛自己，才能最有自信！

所以，我們一定要記得，不管在人生中的順境也好，逆境也罷，不管有多艱辛，請你一定別忘了要愛自己，好好愛惜自己！

在這個世界上，真正與自己形影不離的人只有自己，我們理應成為自己最好的激勵者，最好的聆聽者。我們一直渴望被別人喜愛，卻忽略了喜愛自己。如果我們連自己都不愛，又怎麼去愛別人呢？

有一天，傑克和同事決定一起去郊外旅遊散心。可是臨到出發前，大家都變了卦，傑克很懊惱，同事們早就嚷嚷著要減壓，最終還是被一些無聊瑣事纏著脫不了身。剩下了傑克一個人，他也迷惘了，手裡握著為旅遊存下的錢，卻一下子沒有目的。因為這麼些年來，一直埋在事務堆裡從沒出去走走，突然這樣，傑克就摸不著方向了。

像傑克和他的同事，一直過慣了忙碌的生活，忽然要做讓自己放鬆的事，不是逃避就是不知所措。可見，大家雖然工作勤奮，可是連停下來喘口氣的時間都沒有，

這樣怎麼說得上愛自己呢？

現代社會裡，人們一直都步履匆匆，忙著工作，忙著升官發財，忙著帶孩子，忙著做家務……忙得暈頭轉向。不過，你是否靜下心來想過，那些讓你暈頭轉向的事情中，哪一件是你真正喜歡的呢？如果可以選擇，你會選擇它們嗎？

生活裡的事很多都不是如人所願的，都不是心甘情願地去做的。所以，何不在閒置時間主動去做一些讓自己愉快、舒服的事呢。既然是讓自己舒服的事，就不需要想得太複雜，也不用考慮太多或講太多道理，重要的是做完這件事之後，自己的心情是否會變好，心中不再有負擔的感覺，這樣才是真正做到了愛自己。

愛自己是一門技術，需要我們精心培養。常常參照「自愛四寶」：多對自己說讚美之辭、接納自己的情緒、主動去做讓自己舒服的事、拒絕去做使自己不舒服的事。如此相信必能幫助我們真正做到「愛自己」。

愛自己吧，不需要理由！

愛自己吧，我們才能越活越精彩！

愛自己吧，我們才會煥發出無窮的人生魅力！

40 化「缺點」為自信

國外電視臺曾主辦過主題叫做「胖美人」的節目。許多胖人競相報名參賽，將自己的才藝展示在大眾面前。這期節目邀請到的嘉賓便是參賽者中的兩位。

第一位上場的是麗絲，她一登場就毫不隱瞞地告訴了大家自己的體重——一百四十多公斤。她與主持人和觀眾談笑風生，口才竟顯得比主持人更加略勝一籌。她講述了自己買衣服時和生活中不時出現的尷尬經歷，場內不時笑聲四起，大家都被她的幽默感深深折服了。麗絲成為這次「胖美人」評選大賽的最佳風采獎得主。她無時無刻都展現著自信的魅力，她讓大家知道了：她很胖，但是她很美，她是個胖美人！

第二位上場的是瑪莉，她四十多歲，身高體壯，一百三十公斤。當她說到她在大賽中的表演項目是「天鵝」時，觀眾們都有點呆住了。表演完後，她跟大家說著

以前的經歷：「我年輕時很瘦，但是後來卻不斷發福，走路經常摔跤，畢竟當時是二十多歲的年華，實在難以忍受。我曾想到過死，但是最終還是撐過來了。在求職時因為別人鄙視的一眼，讓我在保險行業堅持打拼了四年之久，終於取得了現在的成就。」

瑪莉還感慨萬分地說道：「家人不因為我胖而嫌棄我，他們依然愛我。所以健康是對他們最好的報答，我不打算減肥，因為我現在很健康。」

每當路人看到肥胖的人時，總會因為她們的體形多看上幾眼。雖然並非有意的傷害，只是一種好奇心的驅使，但對於胖人來說，這樣會加深她們的自卑感。其實她們與其這樣，不如坦然地面對現實，不僅明智，也使自己的身心愉悅。

但是，從這兩位「胖美人」的眼中，我們不僅能看到的是自信，還能看到豁達，這是一種令人敬佩和嚮往的人格魅力。

這兩位「胖美人」參加比賽的評委也說過：「在這個以瘦為美的時代，胖是一種難以掩飾的缺陷。人們都力圖掩飾缺陷，但如果無法掩飾，那我們就變缺點為特點，只要你擁有這種心態，你就能變缺點為自信的魅力。」

每個人都有每個人的特點，每個人都有每個人的風采，每個人都可以美麗，只要我們理解、豁達、有愛、自信，就可變「缺點」為自信的魅力！

就像一位哲人說的那樣：「除非自己允許，否則任何人都不能夠讓你自卑。」

安迪是個美國人，由於在小時候出了車禍，他右手只有四根手指，但他卻是一名家喻戶曉的廣播電臺節目主持人。安迪從小就立志要做一名電視節目主持人，儘管安迪具備了一個優秀的電視節目主持後幾乎所有的條件，但是各家電視臺的負責人看到他殘疾的手就都拒絕了他。

經過一年半的努力之後，安迪終於被一家電視臺錄用。在試鏡的時候安迪按電視臺的意見戴著仿指手套，以最自然的態度去面對觀眾和自身的缺陷，真誠、自信、充滿魅力的主持，使安迪受到了熱烈歡迎，成為一名傑出的電視節目主持人。觀眾被安迪的主持藝術以及他面對缺陷的坦率態度深深地打動了，給了他很高的評價。

其實缺點並不可怕，可怕的是沒有信心，即使有缺陷也要把它變成「缺陷美」。《水滸傳》裡，「黑旋風」李逵憨直忠勇卻又魯莽得可愛；拼命三郎石秀是一個精細的人，但是狠勁上來，其尖利歹毒，叫人刻骨銘心。

《紅樓夢》中，聰穎、活潑的史湘雲偏是「咬舌子」（口吃），「二」說成「愛」，還有黛雲的「小心眼」，晴雯的「使性子」……一個個人物無不因為有缺點而顯得真實，躍然紙上，呼之欲出。

這就是美學家所稱的「缺陷美」，古往今來大凡成功的藝術形象，恰好由於若隱若現的微瑕而顯出獨特的光彩。

古語有云：「金無足赤，人無完人。」「缺點」之所以有魅力，在於它的真實。《水滸傳》和《紅樓夢》裡的例子數不勝數，作家基於真實是藝術的生命這一著眼點，才在「完美」的面龐上點出「缺點」的痦子（痣）。即使是智慧化身的諸葛亮，也還有被薑維識破計謀的千慮一失，以及在先帝托孤時的惶恐心理等筆墨。可以說，「缺點」被描寫得愈真實，就愈有生命力，就愈有魅力。

「缺點」之所以有魅力，還在於它的獨特和恰如其分，它在真實的基礎上又產生了特殊的韻味，使人物各具風采，藝術魅力則由此而生。

在文學藝術中，作者總想辦法給書中人物設計出一種「缺陷美」，這樣描寫出來的人才更加真實，更能讓人感動。那麼，既然這樣，我們有時候又何苦因為自己的缺點而悶悶不樂，鬱鬱寡歡呢？其實，只要我們勇於接受它、勇於面對它，也能把這些缺陷變成我們人生路上的助力器。

我們要把「缺點」變成改變命運的力量。這樣，我們的人生不會再怕默默無聞，只怕碌碌無為。逆境中更能磨煉出人才，只要我們帶著這份執著，踏上人生的旅程，必能有所收穫。變「缺點」為自信的魅力，為「缺點」而感動吧！

翻開歷史的畫卷，眺望成功的頂峰，我們何不也把自己的缺陷變成為美的一種呢。變「缺點」為自信的魅力——就是為「成為」而加油。

41 適當收起你的敏感

陶淵明，一貧如洗，但仍樂觀向上；李世民隨父打天下，困難重重，仍堅持不懈；朱元璋從乞丐變為一代君主，種種艱辛，但仍未放棄……

我們可以想想：茫茫沙漠中的白楊，被狂風襲擊，但仍屹立不倒；雨後的小草，慘澹無比，但仍挺直身軀；高山頂上，荒無人煙，但青松仍矗立於山巔之上……

我們捫心自問，是不是比海倫·凱勒幸運、幸福。既然這樣，為何還會被自卑困擾。我們要對自己有信心，這樣，才能學會微笑，才能學會面對。然而，有人以為，在別人面前越少顯露自己的錯誤或弱點，也許越能贏得人們的尊重。其實這種想法是不對的。

一位女孩自奧巴馬大學畢業後，就來到一家公司工作。由於她以前沒有實習經驗，會的東西也不多，她在工作中出錯不斷。她總是受到上司和同事的批評，漸漸地，她在公司裡總是戰戰兢兢地，生怕出點差錯而被別人否定。她對批評尤為敏感，別人只要說點她什麼，或是對她的穿著提出不同的意見，她都會激烈地辯駁，要不就將極為沮喪的情緒掛在臉上，導致她和同事的關係極度惡化。

克里斯汀是一位正在上大學的學生，由於來自農村，他以前只知道學習，其他方面則一無所長。他唱歌五音不全，講話緊張臉紅，打球笨拙，因此他超怕參加團體活動，怕別人嘲笑自己，怕在眾人面前出醜。

從心理學的角度來分析，上述的兩種表現是典型的自卑心理。自卑者的自尊心很脆弱，以致會對威脅到自尊心的預感產生過度擔憂的反應。這類人，在工作生活中，其關注點已不像常人那樣，放在如何完成好任務或與人溝通交流之上，而是在反覆擔心自己不要出什麼差錯，怕被別人批評指責，怕被別人笑話。面對著受到別人非議和批評時，他們就很容易出現痛苦和沮喪情緒，甚至增強其過分的抵觸反應。

這種心理抵觸使其陷於情緒化的狀態中，無法進行正常的學習和反思，會使個體完全喪失適應情境的能力，以致造成反應的阻滯，不斷出錯。轉而又激起「保全面子」的強烈企圖，甚至做出逃離那些可能令他們出錯出醜的環境，儘量不參與任何團體活動。這樣下去，他們不願與人接觸，不願鍛鍊自己，適應環境的能力就會

越來越差，自尊心也更加脆弱，更加懼怕批評。

不管是什麼人都會犯錯誤的，勇於承認錯誤或缺點只會贏得他人的讚賞。例如像「我想，我心急了一點」，「我對剛才的氣話十分抱歉」或者「我錯了」這些誠懇的道歉的話語都頗具感染力。我們不妨仔細考察一下歷史上的名人，不難發現他們也並非有完美的一生。他們也會犯錯誤，也會哭泣，也會絕望。他們的自信，是來自他們不刻意掩飾自己的錯誤，能正視自己的不足並加以改正。

王蒙是大陸近代著名的作家，他在《我的人生哲學》中特別提到了心理「不設防」的生活觀點。不設防還因為不怕暴露自己的弱點。弱點總是要暴露的，就像優點也總會有機會表現出來表達出來一樣。而對待自己的弱點的坦然態度，正是充滿自信並進而比較容易令他人相信的表現。只要你確有勝於人處，長於人處，某些弱點的暴露反而更加說明你的弱點不過如此而已。而你的長處，你的可愛可敬之處，正如山陰的風景，美不勝收。那還設什麼防呢？

自尊心不是驕傲、不是自大、更不是缺乏自我批評精神。自尊心強的人不是認為自己比別人有優勢，而只是對自己有信心，相信自己能夠克服自己的缺點。自尊心不強的人，就會感到自己價值沒被人注意到或自己本身有缺點，進而在心理上對自我及自己的社會行為產生否定的態度。況且，個人自尊程度越低，就可能因孤獨而痛苦。在交往中，這樣的人事先就認為別人對他印象不佳。而自尊心較強的人自主性也較強，較少接受暗示，他們對自己持有肯定的態度，往往也容易「接受」別人。

現代自尊心不強的青少年和成年人的典型特點就是「自我形象」和「自我看法」不穩定，他們比別人更想對周圍人「掩蓋自己」，對周圍人做出某種「假面目」即「裝扮的自我」，不會主動去融入人群。久而久之，自尊心不強的人就會導致產生自卑感。

自卑的人在自我評價時尤其容易被刺痛，因而十分敏感。他們對批評、笑聲、否定等會產生病態的反應，他們在工作不順利或者發現自己有某種缺點時，感到特別難受。他們在周圍人對自己印象不佳時，比別人更多地感到不安。自卑的人大多都比較靦腆、他們往往有心理容易孤立和經常想入非非等特點。

自卑者只有對別人的否定持有正確的態度，才能提高自己的人生實力和自信。我們都知道，在自卑者身上，往往存在著許多問題和不足，如不會處事，能力不強，缺乏生活樂趣等等。對這些問題和不足，首先應正視其存在，並勇於去改正。其實任何忽略、迴避、掩飾的態度都是對自己最大、最根本的否定。這樣，不僅不能使

問題自然化解，反而會使後續問題越來越多，愈演愈烈。

其次，能夠正視自己的不足並勇於去改正才是對自己最大的肯定。這顯示了自己的積極、勇敢、樂觀、智慧的心理態度。在此過程中，我們無須為自己的幼稚、差錯、無知而感到羞辱，這是任何人都難以避免的事情。相反，我們卻能透過它提高起支撐我們人生成功的內在素質，這也是建立自信的根本。

實際上，我們要善於看到自己的長處和優勢才容易建立起自信。我們要相信自己能夠自我實現，進而積極改變，積極實踐，自我改進，克服不足，不斷提升自我。這樣優點越來越多，缺點越來越少（或對你人生的影響越來越弱），相當於在更高的層次上肯定了自我。我們可以對哲學上的否定之否定定律反其道而用之，那就可簡單概括為克服自卑的肯定之肯定定律：自我肯定——自我否定——自我肯定。

如果我們只想依賴於一些所謂的外在標準來提高自己的感覺，如容貌和地位等，這樣只會適得其反。因為這樣，我們會盡一切所能來維持自己的所謂「門面」，而不願在提高內在素質上下工夫。一個真正自信的人，能正視自己，總是直面現實，毫不掩飾，勇敢面對一切。

羅斯福是美國歷史上最偉大的總統之一，不幸的是，他在中年時患病。這時他已是參議員，在政壇上炙手可熱，遭此打擊，他幾近心灰意冷，退隱家園。

發病初期，他一點也不能動，必須坐在輪椅上。但他討厭整天依賴別人把他從樓上到樓下抬上抬下，為了擺脫這種窘況，每天晚上他就一個人偷偷練習。

有一天，他發明了一種上樓梯的方法，他告訴家人、要表演給大家看。原來，他先用手臂的力量，把身體撐起來，挪到臺階上，然後再把腿拖上去，就這樣一級一級艱難緩慢地爬上樓梯。他的母親見狀忙阻止他說：「給別人看見了你這樣在地上拖來拖去的，多難看啊。」

羅斯福卻斷然地說：「我必須坦然面對這一切。」後來，羅斯福自己登上了總統就職演說的演講台，成為美國歷史上唯一連任四屆總統的人。

讓我們揚起自信的風帆吧，不要因前進的路上困難重重而放棄，要學會擁有自信，因為它是成功的關鍵。相信自己，相信「天生我材必有用」，莫讓美好年華付之東流，莫讓人生留有悔恨。把自卑留給昨天吧，讓信心照亮明天！

42 摒棄完美重在知足

曾經，有一個人在一個非常偶然的機會得到了一顆珍珠，但是他為了去掉這顆珍珠上的一個小斑點，一次次地削珍珠，而最後珍珠也就不復存在了。同樣，也有人會在生活中犯類似的錯誤。

其實，百分之百完美的事物是不存在的，而一味地追求完美則是我們心智不夠健全的表現。就如車爾尼雪夫斯基所說：「既然太陽上也有黑點，人世間的事情就不可能沒有缺陷。」

每個人都希望自己是一個比較完美的人，擁有漂亮的外表以及豐富的知識。生活不時打破我們的夢想，往往我們得到一種東西的同時，不得不放棄另一種。

世上的人多多少少有著各式各樣的缺點，漂亮英俊的可能學歷低；學歷高的也許長相不盡如人意；收入高、懂得浪漫的人或許花心；老老實實、可以讓人放心的人卻又不浪漫……人無完人，我們無法完全規避其缺陷，只能選擇自己相對滿意的一種。

有一天，一個男人來到一家婚姻介紹所。進了大門後，迎面又見兩扇門，一扇寫著：「美麗的」，另一扇寫著：「不太美麗的」。男人推開「美麗」的門，迎面又是兩扇門：一扇寫著「年輕的」，另一扇寫著「不太年輕」的。男人推開「年輕的」門……這樣一路走下去，男人先後推開了九道門，當他推開最後一道門時，門上寫著一行字：「如此完美之物只有天上有」。

雖然這是一個笑話，但也說明了真正的完美是找不到的。理想與現實的差距在婚姻中還表現為擇偶的過程：你要求別人完美，別人也會要求你完美；你看中了別人，別人不一定看得上你。有人曾說過：「找愛人就像買東西，你一眼看中的那個人或許僅供陳列——非賣品，或許已經被預訂——售出品。」正因為如此，如果過於追求完美，必會一無所得。

婚姻就好比一塊玉石。任何一塊玉石既有美麗的一面，又有一定的瑕疵。人們一般不會因為玉石的瑕疵而丟掉整塊玉石，但他們卻常常因為婚姻的一點不足而斷送掉原本可以獲得的幸福。從這個意義上說，拋棄「完美主義」，調整好自己的心態，這樣才容易知足，才能獲得美滿的婚姻。

歌德曾說過：「人們若要有所追求，就不能不犯錯誤。」同樣道理，人們若要有所得，就不能不失去。生活中「美」的實現也不是一帆風順的，有失去，也就有缺憾。但是，我們不要因為有缺憾而嫌棄，請相信缺憾的美也是一種美，不要因為得不到完美而不知足。

人生路上總是坎坷，也許我們在得到某些東西的時候，不可避免地會失去更多的東西。因為擔心失去，在失去中一蹶不振，從此不敢再去追求，那我們將會一事無成。如果不怕失去，重整旗鼓，東山再起，就像維納斯一樣雖然失去雙臂，但卻換回了無窮的魅力，並能得到更多有意義的東西。

每一個人都得明白：不經過失去，哪會有得到的道理。這就像生活中的苦、辣、酸、甜，百味融合，會使你的生命更增幾分精采。摒棄完美主義，知足常樂。

43 信心讓你重新站起來

「信心是事業成功的保障」這句話是很有道理的，只要自己相信自己，相信自己一定會成功，所有的難題就可以迎刃而解。

流傳百世的那些名人有哪一個人的一生沒有遇到過挫折呢？但他們之所以能成為名人是因為：他們能在受到挫折時抬起頭來奮力向前追趕。

每個人都有高峰期，也有低谷期。當達到了高峰期時可以說走到了輝煌，但是走到了低谷也不要氣餒，要有信心好好地挖掘自己的潛能。如果我們在低谷期還能想到高峰期，不再一味地傷心，這樣就等於向成功邁進了一步。

信心，不是盲目的自大，不是亂拍胸脯，而是智慧與才能的結晶。只要我們不盲目自信，自信對我們的人生會有一定幫助的。它可以讓我們從平凡走向輝煌；可以使我們從絕望看到希望；可以幫我們從暗淡走向光明。可以說信心是一個人成功的保障。有信心的人都相信這樣一句話：我想我行的，現在不行，以後一定行的！信心是人生成功的奠基石，有了信心，才能達到自己所期望達到的境界，才能成為自己所希望成為的人。

每個人都希望自己能取得成功，例如讀書的學生希望成績優秀；演戲的演員希望觀眾讚賞；做工的工人希望趕快完成任務；經商的商人希望賺錢；從政的人希望政績赫赫……可能有許多因素導致成功，但自信是其中必不可少的一個的因素。就像愛迪生說的一樣：「自信，是人們成功的第一祕訣。」信心，是建築在對前途充滿必勝的基礎上。

愛因斯坦的「相對論」發表以後，有人曾製作了一本《百人駁相對論》，其中網羅了一批所謂名流對這一理論進行聲勢浩大的撻伐。可是愛因斯坦確信自己的理論必然勝利，對撻伐不屑一顧，他說：「假如我的理論是錯的，一個人反駁就夠了，一百個零加起來還是零。」他堅持研究，堅定了必勝的信念，終於在二十世紀，「相對論」成為世人矚目的偉大理論。

希拉斯是一位美國青年，他在工作中萌發了把數學模型用於企業成本管理的念頭。當時他的學歷不高，難以承擔這項研究重任。然而他確信此項研究的光輝前景，於是他一邊補習高等數學，一邊進行探究。這時不僅困難重重，他還遭到一些人的冷嘲熱諷，說他是「醜小鴨」。然而他一直對自己充滿信心，最終取得了成功。

不懈的努力、必勝的信心是希拉斯成功的動力；冷靜地分析，刻苦地學習同樣也是他美夢成真的伴侶。信心與腳踏實地的學習同樣重要。歷史上無數成功的事例和經驗，證明了信心對於成功的重要；歷史上無數失敗的事例和教訓，也從反面證明了信心對於成功的重要。

盲目的信心是自大，要不得；而過度自卑完全喪失了信心，也要不得。試想每當做一件事情時，總是過分地誇大困難，總是對自己的力量估計不足，前怕有狼，後怕有虎，那怎麼能去迎接困難呢？

我們想建立起成功的信心，只有先相信自己會成功。很多人沒有信心是因為自卑心理，自己認為自己不行，自己都放棄了希望，那麼還能期望從別人那兒獲得希望嗎？

相信自己是取得成功的基石，但這並不代表我們可以拒絕聽取別人的意見。誠然，我們應當堅持自己的信念，不為外人所干擾。但當別人是真誠地向你提出建議時，我們應當虛心接受。「滿招損，謙受益」這句話是指過度的信心會招致損失，

而虛心地接受他人的意見則會得到好處，這就要求我們要學會正確處理相信自己與聽取別人意見的關係。

要充分地瞭解和認識自己，知道自己的能力和善長的方面，這樣才能做到相信自己而不盲目自信，謙虛地接受別人意見而不盲目聽從。如果在自己擅長的方面充分地相信自己，而在不太瞭解的領域或是不太懂得的時候，適當地聽取他人的意見，結合自己的想法才能做出正確的判斷。

在人生的旅程中，會遇到各種各樣的困難，面臨著一次又一次的轉折。我們要對自己有著足夠的信心，如何邁出每一步都要自己做出抉擇。我們不能完全依賴別人的幫助，必須依靠自己，相信自己踏出的每一步都是正確的。即使跌倒了，也要相信自己，因為信心是人們站起來的希望。雖然我們不能依靠他人，但可以徵求他人的意見，聽取別人意見中有價值的地方，這樣更容易到達目的地。

在生活中要做到相信自己，不要喪失信心，信心是人跌倒後重新站起來的希望，相信在不遠處一定會看見彩虹。

44 讓自己充滿自信

我們要幫自己設定一個目標，自信百倍地去奮鬥，有奮鬥才有充實感。人生並非是一帆風順，它是一條充滿艱辛坎坷，充滿挑戰，充滿挫折的旅途。當新的一天又到來時，你是否把自己定格在忙碌中？當太陽升起時，你是否把握住那每一縷陽光？目標明確充滿自信的人，即使在忙碌中也能感受太陽的光芒，不會被生活及困難所累，充滿自信會讓人每天都過得有意義。

當然，一個自信的人也並非事事順心，事事如意，只是他知道怎麼在心靈上打開一扇天窗，讓陽光從視窗照射進來。即便是陰雨的天氣中，他也善於給自己自信。因為自信，所以他一直都感覺到生活的美好！

現代社會，人才濟濟，我們只是其中很平凡的一員。儘管如此，我們也不能因為自己渺小而喪失信心，要有信心與鬥志。縱然是要跋涉千山萬水，踏盡坎坷旅途，

我們也要以自信的態度去爭取一切；縱然前面有暴風驟雨，山洪猛虎降臨，我們也要在所不辭、百折不撓地力爭上游。

喬諾·吉拉德是美國有史以來最著名的「銷售大王」。他出生在美國的一個貧民窟，比人們想像中的還要貧困。在很小的時候他就上街去擦皮鞋補貼家用，最後連高中都沒有念完就輟學了。

他的父親總是打擊他，說他根本不可能成才，他曾一度失去自信，甚至有一段時間，他連說話都會變得結結巴巴。

幸運的是，他有一位偉大的母親，她常常告訴他：「喬，你應該去證明給你爸爸看，你應該向所有人證明，你能夠成為一個了不起的人。你不能消沉、不能氣餒，你要相信上帝對人是公平的，機會在每個人面前都是一樣的。」

在母親的鼓勵下，他重新建立起了信心，增加想獲得成功的勇氣。從此，他變成一個自信的人！

就這樣，一個不被看好，而且背了一身債務幾乎走投無路的人，竟然在短短三年內被金氏世界記錄稱為「世界上最偉大的推銷員」。而且，至今還沒有人能夠打破他平均每天賣六輛汽車的紀錄！甚至，歐美商界一致稱他為「能向任何人推銷出任何產品的傳奇式人物」。我們能夠從他那傳奇式的人生中看到：人生需要自信！

還有同樣一個例子也可以很好地證明這一點。

原一平被譽為「日本推銷之神」，他在成長生涯中也是受盡磨難。原一平長得身材矮小。二十五歲當實習推銷員時，身高僅一百四十五公分，又小又瘦，實在缺乏吸引力，可以說是先天不足。

然而，原一平並沒有被這一切打垮，相反的他愈挫愈勇，內心時刻燃著一團「永不服輸」的火焰。

憑著「我不服輸，永遠不服輸！」「原一平是舉世無雙，獨一無二！」的超自信自強心態，成功地用淚水和汗水造就了一個又一個的推銷神話，最終成為日本保險推銷史上的傳奇人物。

自信是英雄人物誕生的孵化器。但是自信不僅僅造就英雄，自信也是平常人人

生的必需，缺乏自信的人生，必是不完整的人生。

朋友們，請記住：一定要充滿自信，因為人生需要自信，自信讓人成功。很多事實證明，自信是大多數人共同具備的品質，也是一個人獲得成功的重要因素。在生活中，不怕被別人擊倒，最可怕的是自己把自己擊倒，這樣就對自己完全喪失勇氣和希望了。只有擁有自信，才能避免「自己把自己擊倒」。自信不僅能改變周圍的環境，還能改變自身的情況。下面就講述一個典型的例子：

一位心理學家去了一所中學，他從某個班級中挑選出一個看起來最不討人喜歡的女孩，並要求她的同學們改變以往對她的看法。因此，大家都爭先恐後地照顧這位女孩，對她獻殷勤，陪她回家，大家假戲真做地從心裡認定她是位漂亮聰慧的女孩。不到一年，這位女孩整個變了樣子，連她的言行舉止也和以前判若兩人。她對人們說：「我覺得我獲得了新生。」

雖然，她並沒有變成另一個人，不過，我們從她身上卻可以看出，每個人都蘊藏的可提升的潛質。如果我們想讓它表現出來的話，除了需要周圍的所有人相信我們，同時首先要自己也相信自己，自信能夠創造奇蹟。

自信不是任何人都具備的，也不是天生的。有時候就算人們一開始懷有一份自信心，但經過一番生活磨煉，嘗到一些生活的苦辣酸甜，有些人就自慚形穢起來。

有人學會了如何自己貶低自己，以此來預防生活的失敗。他們認為，滿懷自信是很危險的，人越自信，就越容易碰釘子，也就越容易成為眾矢之的，所以夾著尾巴過日子是最好不過的了。

還有人從小就失去了自信。因為大人們總是這樣訓斥他們：「看，你這個笨蛋、傻瓜、窩囊廢，將來頂多是個掃街的！」久而久之，他也就真的認同了這些話，以後稍微碰上個小失敗，他就會這樣寬慰自己：「反正我從小就是一個笨蛋和窩囊廢，怎麼能成功呢？」其實，這兩種人的想法都是錯誤的，這樣只會讓自己越來越失敗。讓我們都自信起來吧，這樣可以讓生活變得更加美好！

學校中，經常會有這樣一種普遍現象：在教室後面，總是坐著一群似乎是被遺忘學生。他們不管是上課還是下課都東張西望、雙眼茫然、凝神遐想、交頭接耳、竊竊私語……經過幾年上學的「洗禮」，他們的知識庫出現了嚴重的赤字，逢考必敗。

每當考試分數出來時，他們或自怨自艾或怨天尤人。他們的自信心已跌入穀底，不復存在了。在他們的世界裡，沒有和煦的春風，沒有暖融融的冬陽，沒有燦爛如花的笑容；有的是寒潮霧靄、令人窒息的黑暗、冷如冰霜的愁緒……他們的生活色調不再五彩絢爛，而充斥著的是除了灰色還是灰色，除了陰霾還是揮不去的陰霾。

「好風憑藉力，送我上青雲」這句話是那些學習上遊刃有餘，前程似錦的學生寫照，但是他們不敢奢想。成績優異的學生可以笑傲考場，春風得意，備受老師青睞，但這對於那些生活在苦悶、抑鬱中的學生來說，似乎是個遙不可及的神話。

面對這種現象，我們不得不想想，究竟怎麼做才能拯救這些學業陷入泥淖的學生。其實，答案很簡單，就是讓他們自己重新充滿自信心。只有他們自己，才能自我拯救。面對困境，你們不如發出一聲吶喊：還——我——自——信！拿出破釜沉舟的氣概，勇敢地向困難挑戰，絕不低頭！

真正有自信的人，敢於面對慘澹的人生，敢於挑戰千難萬險。杜牧詩云：「江東子弟多才俊，捲土重來未可知。」陷入低谷的人們，請點燃心中希望的火炬！

讓我們揚起自信的風帆，勇敢地向前進吧；揚起自信的風帆，沉重的黑夜就可以遠離我們，朝陽必會迎面而來；揚起自信的風帆，讓慽慽愁容遠離我們，讓歡歌笑語為我們的青春做伴；揚起自信的風帆，讓我們揮動起理想的雙槳，將自己的一葉小舟輕輕地、穩穩地駛向成功的彼岸。不知不覺中，激流、濁浪、暗礁……已經遠遠地被拋在後面了。

「自信人生三百年，會當擊水三千里。」擁有自信，奮力拼搏，成功就是這樣簡單。

Chapter7 管理情緒，自己才是情緒的主人

我們前進的道路是坎坷曲折的，但是道路兩旁盛開著五彩芳香的花，在我們的頭頂上灑滿了溫馨的陽光。

當你在生活這條路上向前行進的時候，每個人都能做自己情緒的主人，把握好自己的心海羅盤，把人生這幅長卷描繪得多姿多采！

Never underestimate your power to change yourself!

45 做情緒的主人

著名專欄作家哈理斯和朋友在報攤上買報紙，那朋友禮貌地對報販說了聲「謝謝」，但報販卻面無表情，不發一言。

「這傢伙態度真差，不是嗎？」他們繼續前行時，哈理斯問道。

「他每天晚上都是這樣的。」朋友說。

「那麼你為什麼還是對他那麼客氣？」哈理斯問。

朋友答道：「為什麼我要讓他決定我的行為？」

一個人的心態就是一個人真正的主人，要麼你去駕馭生命，要麼是生命駕馭你，而你的心態將決定誰是坐騎，誰是騎師。你是否也有過這樣的經歷：考試前焦慮不安、坐臥不寧？被老師、父母批評後更不思前進、自甘墮落？和朋友爭吵後，上街

亂逛並買一堆多餘的東西洩憤？

你偶爾有這樣的情緒還不要緊，如果經常這樣，可就得注意了！因為不知不覺中，你已經成了「感覺」的奴隸，陷於情緒的泥淖而無法自拔，所以一旦心情不好，就「不得不」坐立不安，「不得不」曠職、「不得不」亂花錢、「不得不」酗酒滋事。長期下去，會擾亂了自己的生活秩序，也會干擾了別人的工作、生活。

潮起潮落，月圓月缺，雁來雁往，花開花謝，世界萬物都在循環往復的變化中，又何況我們人類呢。所以有情緒並不可怕，可怕的是不會管理情緒。

每人心中都有把「快樂的鑰匙」，但我們卻常在不知不覺中把它交給別人掌管。一位銷售人員抱怨道：「我活得很不快樂，因為我經常碰到糟糕的客戶。」他把快樂的鑰匙放在客戶手裡。

一位職員說：「我的老闆很苛刻，叫我很生氣！」他把鑰匙交在老闆手中。一個成熟的人會握住自己快樂的鑰匙，他不期待別人使他快樂，反而能將快樂與幸福帶給別人。

弱者任思緒控制行為，強者讓行為控制思緒。當我們縱情得意時，要記得挨餓的日子；當我們洋洋得意時，想想競爭的對手；當我們沾沾自喜時，不要忘了那忍辱的時刻；當我們自以為是時，看看自己能否讓風駐足。正如大師奧格曼狄諾所說，學會掌握情緒，做情緒的主人，是人生前行的關鍵。

丹尼爾是美國著名心理學家，他提出：一個人的成功，只有百分之二十是靠智商（ＩＱ），百分之八十是憑藉情商（ＥＱ）而獲得。而情商管理的理念即是用科學的、人性的態度和技巧來管理人們的情緒，善用情緒帶來的正面價值與意義幫助人們成功。

情緒既然是我們生命的一部分，就像我們的手與腳、像我們累積的經驗和知識一樣，是可以為我們服務的。如果我們妥善發揮情緒的作用，不做情緒的奴隸，而成為情緒的主人，相信我們的人生是可以更好的。

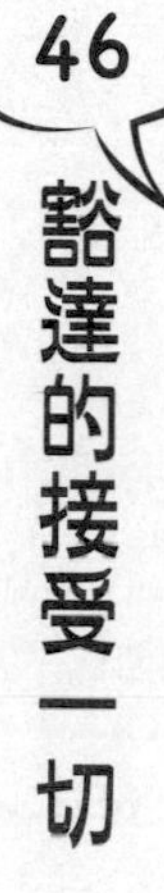

46 豁達的接受一切

「如果在希特勒和蕭邦之間，妳必須選擇和一人結婚，妳會選擇誰？」

「我選擇希特勒。我相信如果和希特勒結婚，我就會用我的愛去感化他、影響他，那麼第二次世界大戰就不會發生了。」

這是一位在「香港小姐」競選中獲選港姐的絕妙對答，並經常被用來印證這位港姐的機智和創造性思維。其實，有兩條正確面對現實、維護心理健康的重要法則就暗含在這個對答當中。我們要平靜豁達地接受一些不能改變的各種現實，這位小姐的回答之所以獲得廣泛好評，主要原因在於她接受「必須選擇一位」這種不可改變的現實，而不是選擇「我會堅決找尋我的真愛」或「我會終身不嫁」。

每一天，我們的生命中都在發生著或大或小、或喜或悲的事情。這些事情，因其性質不同，會給我們帶來不同的心情。聽到好消息，我們會心情舒暢；聽到壞消息，我們會難過萬分。但是，不同的人，面對相同的事情會有不同的反應。如同樣遭到心愛的人拒絕，有的人會悲痛欲絕、痛不欲生；而有的人則會安靜地走開，繼續努力尋找自己喜歡同時又喜歡自己的伴侶。已經發生的事實無法改變，但我們處理事情的態度可以改變，我們可以選擇接受那些現實。

有一天，一個記者採訪作家史鐵生，問道：「你對你的病是什麼態度？」沒有想到，在輪椅上待了二十多年，每隔幾天就要去醫院做透析治療的史鐵生回答道：「是敬重。」為什麼是「敬重」而不是「恐懼」和「厭惡」呢？面對困惑不解的記者，史鐵生解釋說：「這絕不是說多喜歡它，但是你說什麼呢？討厭它嗎？恨它嗎？求求它快滾蛋？一點用也沒有，除了自討沒趣也是自尋煩惱。但你要是敬重它，把它看成一個強大的對手，是命運對你的錘煉，就像是個圍棋九段高手點名要跟你下一盤棋，雖然勝敗已定，但也能受益匪淺。一邊是自尋煩惱，一邊是接受現實、鍛鍊自己，選擇什麼不是很明顯嗎？」

史鐵生還曾經說過：「對困境先要對它說『是』，接納它，然後試著跟它周旋，

即便輸了也給自己贏得了信心。」只有我們接受不可改變的現實，才可以向成功邁進一步。它可以使人正確認識自我，量力行事，避免心理衝突和情緒焦慮，獲得心理健康，創造理想自我。

人們感到快樂，一般是因為內心的需求得到了滿足。一個人能否快樂：一要看他（她）的需要是什麼，二要看這個需要是否能得到滿足。人的需要很多，除了最基本的生理需要外，其他都是心理方面的需要，例如愛與被愛、歸屬感、是否受到尊重、自我價值是否得到展現等等，這些都是相對主觀的需要，只有當一個人意識到它時，它才會成為人們的追求目標。

人有需要無可厚非，但必須得符合客觀世界的實際情況。例如要求在工作單位得到絕對平等的待遇是不可能實現的，但你可以去要求和爭取平等，或者去能夠提供平等待遇更好的地方，但不能期望現實社會做到絕對的公平合理。這個世界有許多不公平的現象，我們必須學會接受現實生活中的不完美，還得懂得只有付出努力才有可能爭取到自己希望的美好生活！只有明白完美中的缺憾，才能成為這世上真正的智者。拒絕完美就是珍惜擁有，而過分追求身邊的完美，往往會失去遠處絢麗的風景。很多時候，快樂更可以在「難得糊塗」中實現，這是對完美的諷刺，也是對完美的救贖。明白這一點，我們會以更寬容的心態，更和諧的方式，來面對身邊的人和事，也會以一種平常和平靜的目光，來看待身邊的一些光怪陸離的現象。

我們不必為了追求所謂的真正的幸福，刻意剔除自己或他人身上那一點點微不足道的瑕疵。幸福其實不是讓我們力求完美，而是要我們學會接受現實，去包容與珍惜，然後才能感受到真正的幸福。

我們要勇於接受現實中的一切。不管生活的好壞，環境的優美與惡劣，都要試著去面對它，去承受各方面的壓力。不要總是去抱怨生命的不公，抱怨是沒有用的，一個人每天除了抱怨，還是抱怨的話，生命對他來說還有什麼意義？我們所能做的就是努力接受這一切，進而慢慢地盡可能去改變它。路是一步步走出來的，理想和現實總是有些差距的，我們要學會知足常樂，豁達地接受一切。

在我們的一生中，有很多事情是要去做的，何必把時間一味地浪費在抱怨上，不如平靜地接受已經發生的事情。例如一定要孝順父母，那是我們生命的前身；撫養兒女，那是我們生命的延續；疼愛老婆或老公，那是要和你度過一生的人；兄弟姊妹、親朋好友、同學同事、左鄰右舍總是要相處的。每天都想想這些人，想想他們為自己帶來的快樂。這樣，你還有時間去抱怨嗎？

47 學會發現並獲得好心情

人生只有短短的幾十年，博得多少掌聲和豔羨的目光並不重要，重要的是你得到了幾許心安和做人的樂趣。我們大多數人都不可能體會到獲得諾貝爾獎、奧斯卡獎等人生大獎時所帶來的激動與興奮，但人生中還有很多賞心悅目的樂事，例如一聲讚美，一個輕吻，親友圍坐，一席盛宴，而這些都是時刻環繞在我們身邊的。何必因為無法得到的東西而煩惱，要學會懂得享受人生中的小事。只要善於發現，快樂是無處不在的。

南方一家心理研究所透過對一千戶城市家庭的問卷調查，得出結論：快樂正悄然地離我們遠去，而焦慮已成為現代人的心病。現代社會競爭加劇而導致人們快樂減少焦慮驟增，社會把注意力過多地集中在行動的「目標」或「結果」上，而忽視了對過程的感受和體驗。例如做飯時總把注意力放在儘快地做完，吃飽了肚子了事，結果因鍋碗瓢勺、油鹽醬醋、洗切翻炒，忙得不得喘息，也就心存厭煩之意。其實我們可以把做飯當成一個情感交流的好機會。隨著現代社會生活節奏加快，人們背負了更加沉重的工作和學習壓力。即使是一家人，也難得有溝通交流活動的時間，社會心理學的研究顯示，人和人之間的感情，是和相互之間的接觸機會和時間成正相關的。如果家庭成員都樂於做家務，這樣既提高了家庭生活的品質，也有利於成員之間的感情增進。

有一項「您每星期下廚的次數」的調查結果顯示，百分之二十三的人每星期下廚超過三到四次，百分之二十七的人每星期下廚超過五到七次，百分之三十四的人每星期下廚超過八次。這麼多的機會如果能和家人共同奮戰，既可縮短做飯的時間，又可相互交流。我們不善加利用，豈不可惜？我們何不用一種平靜的心態對待這些瑣事，從中尋找興趣和快樂。

著名作家說過：「人可能沒有愛情，沒有自由，沒有健康，沒有金錢，但我們必須有心情。」如果你渴望健康和美麗，如果你珍惜生命的每一寸光陰，如果你願為這世界增添晴朗和歡樂，你即使倒下也面向太陽，請保持住一個好心情吧。健康和歡樂，不是每一個人都能常常擁有的，是需要發現也是需要培養的。

麥克卡蒂是克和夫蘭州立大學的教授。他為了和自己的孩子共用歡樂，而製作了一本幽默手冊。麥克卡蒂說：「我們叫它《真是荒唐》，並收集編錄其內容，結果它成了我們之間的一條真正紐帶。」當然，編輯這麼一本幽默手冊很費時間，但我們可以自己備一份笑料，將自己喜歡的幽默故事剪輯起來，也可準備一本練習簿，記錄日常生活中的幽默軼事。這樣，快樂的習慣不就培養起來了嗎？

快樂為一種情緒，也是人的行為之一。正如彈琴是人的行為一樣，琴師經過練習可以用不著思考與決定，就可以習慣地按動琴弦，彈出悅耳的樂曲。同樣道理，人們經過練習，也完全可以培養出快樂的習慣。美國賓夕法尼亞大學的馬丁・塞利格曼和他的同事研究發現能培養快樂的一個有效辦法是：每天晚上要想三件當天發生的高興的事，並分析其發生的原因。這會使人們更注意發生的好事，同時使人忘記每天發生的不愉快。

愛默生也曾說過：「心理健全的尺度是到處都能看到光明的秉性。快樂或隨時保持人的思想愉悅的觀念，能夠在漫不經心的練習中巧妙地、系統地培養出來。快樂不是在你身上發生的事，而是你自己做的，取決於你自己的事。如果你等快樂主動降臨，或者碰巧發生，或者由別人帶來，那你可能要等很長時間。除了你自己以外，誰也無法決定你的思想。」

如果我們養成快樂的習慣，就變成情緒的主人而不再是情緒的奴隸。正如史蒂文生所說過的：「快樂的習慣使一個人不受——至少在很大程度上不受——外在條件的支配。」

好心情是生活的甜味劑，帶給你無窮的快樂，好心情是「漠漠水田飛白鷺」的閑清雅致，是「采菊東籬下，悠然見南山」的怡然自得。誰能把握住歡樂的源流並匯聚成河，流過我們短暫的一生，誰無疑就是一個心頭有鳥聲啁啾、腳下有綠草鮮花的、智慧且心胸寬大的人！

48 不妨「裝」出好心情

有這樣一則新聞：日本人善於做生意，這是舉世公認的。但由於日本人強烈的東方民族的色彩，他們在做生意的時候不喜歡表露自己的感情，特別是不喜歡笑。所以，日本人在談生意的時候給人的感覺是壓抑和刻板的。由於日本人的主要交易夥伴大部分都是西方人，而西方人性格外向，喜歡幽默，因此這兩種文化之間往往會產生衝突。為了能夠在生意場上更好地表達自己的情感，日本人想了很多辦法。公司的老闆為了讓員工面帶笑容，在下班之前的半個小時裡，訓練他們笑。具體的方法是每人發一支筷子，橫著咬在嘴裡，固定好臉部表情後，將筷子取出。此時人的臉部基本維持一個笑容的狀態，再發出聲音，就像是在笑了。

這種看似荒誕的做法是有著心理學研究依據的。這種研究的最主要問題是：究竟是情緒引起身體的反應，還是身體的反應引起情緒的變化呢？換句話說，人們是因為哭才憂愁，還是因為憂愁而哭；是因為恐懼而發抖，還是因為發抖而恐懼呢？

通常而言，人們都認為是情緒引起人的反應。也就是說，人們憂愁的時候才會哭，恐懼的時候才會發抖。但心理學家的研究顯示並不完全是這樣。恰恰相反，人們會因為哭而發愁，會因為發抖而感到恐懼。這就是說，人的情緒是可以由行為引發的。根據這種觀點。人可以透過控制行為的方式來控制自己的情緒。日本人的面部表情的鍛鍊充分運用了這個觀點。最常見的一個例子是，當你在生氣的時候，可以找一面鏡子，對著鏡子努力擠出笑容來，持續幾分鐘之後，你的心情果真會變得好起來。這種方法叫做「假笑療法」。實驗證明，假笑能觸動體內橫膜，具有很好的熱身效應。它好比將車鑰匙插進汽車中一樣，只要扭動鑰匙，引擎就會工作。假笑時，體內橫膈膜會將假笑引發成真笑。不知不覺中，你會由衷地發出笑聲了。

美國著名教育家卡內基提出：「假如你『假裝』對工作感興趣，這態度往往就使你的興趣變成真的。這種態度還能減少疲勞、緊張和憂慮。」

有位辦公室祕書，經常要處理許多煩瑣的書信文件，工作很枯燥無味。後來她想：「這是我的工作，公司對我也不錯，我應該把這項工作做得好一些。」於是決定假裝喜歡這項實際自己討厭的工作。從此以後，她發現如果假裝喜歡自己的工作，

那麼，真的就有點喜歡它了。而且，一旦喜歡起自己的工作，就能做得更有效率。由於工作得好，她得到提升了。現在，她總是經常超進度完成任務，這種心態的改變所產生的力量，確實奇妙無比。心理學家普遍認為除非人們能改變自己的情緒，否則通常不會改變行為。我們常常逗淚眼汪汪的孩子說：「笑一笑呀！」結果孩子勉強地笑了笑之後，跟著就真的開心起來了，這說明了情緒的改變將導致行為改變。

英國心理學家霍特曾說過這樣一件事情：有一天詹姆斯感到意氣消沉，以前他應付情緒低落的辦法通常是避不見人，直到這種心情消散為止。但這天他要和上司舉行重要會議，所以決定裝出一副快樂的表情。他在會議上裝成心情愉快而又和藹可親。令他驚奇的是：他不久就發現自己不再抑鬱不振了。裝作有某種心情，往往能幫助我們真的獲得這種感受——在困境中較有自信心，在事情不如意時較為快樂。

一個人如果總是想像自己感受某種情緒，那麼這種情緒十之八九會真的到來。同樣，當一個人故意裝作憤怒時，由於情緒影響，他的脈搏會加快，體溫也會上升。

所以，當我們煩惱時，不妨「裝」出一份好心情，多回憶曾經愉快的時光，用微笑來激勵自己。正如英國小說家艾略特所說：「行為可以改變人生，正如人生應該決定行為一樣。」

49 對你的壞情緒寬容一點

古典邏輯學中的「同一律」指A就是A，它不能是B，也不能是C。任何事物就是它本來的樣子，無論是它所呈現的，還是它所暗示的樣子。就好像卡車，我們會說它又硬又重，可能對生命構成威脅；氰化物由於本身獨特的化學成分，進入人體血液後會產生一定的化學反應。

同一律看起來好像如此簡單和明顯，但其重要性卻不能忽視，如果我們不接納，就有可能帶來嚴重後果。如果把卡車當成花兒，很可能會被它碾死；同樣，如果把氰化物當成食物，那小命就不保了。我們必須按照同一律去生活，這樣才符合生存的要求。

「同一律」在心理學上的地位也是一樣重要的，但在情緒領域它經常被忽視。雖然人們在卡車或氰化物問題上，可以很容易地認可，卻經常在自己的情緒上有著

相反的態度。

例如說，很多人會把自己想像成勇者，於是不願接受自己的恐懼或不安全感；有些人由於覺得自己是個大方的人，而拒絕承認自己的嫉妒情緒。其實，恐懼、不安全感以及嫉妒這些情緒是一直存在於人性裡的，它們就像月亮和星星等客觀存在一樣，不會因為否認而消失。

大學畢業後，小潔工作不久便遇到了煩惱，陷入迷茫。於是，她寫信向專家心理諮詢：「我自認為我是蠻有毅力的女生。剛上初中時，我堅持每天早起跑步。和我一起跑步的有好幾個同學，沒過多久她們就陸續放棄了，我卻堅持下來。大家都佩服我有毅力，我也為自己的堅持而驕傲。但是現在，我的毅力越來越薄弱。」

「我現在很容易想起以前傷感的事情，並且不能控制自己的情緒。自己也說不清，朋友的一句話，上司的一句批評，喜歡的男生對自己視而不見……一些瑣碎的小事都能讓我的壞心情莫名其妙地冒出來。這對我的影響很大，不知不覺中，我就陷入了淡淡的憂傷。等我意識到，再回過神來，時間已經過去很久了。我曾試圖用毅力克服糟糕的心情，但怎麼也不管用，而且我的好友說自己也常常如此。我很想知道該如何克服壞情緒？」

只要產生了這種情緒，我們將無法全心地投入學習或工作之中，總覺得自己再也找不著小時候的那種開心快樂，更多感受到的是煩惱、恐慌甚至不安。很多同學試圖像小潔那樣，用自己的毅力去克服當時的壞情緒，但通常都是徒勞的。

當我們抵制情緒時就好比一場沒有硝煙的戰爭，會造成生理能量的消耗，會時時刻刻做著感覺和思想的爭鬥，不允許自己讓這些感覺存在。這種內外交錯的掙扎，只會削弱精力，造成身心的更不和諧。相反的，當接受並體驗那些情緒時，我們則是可以體會到心理和情緒的和諧共處。

有時候，因為我們希望體驗好情緒而不喜歡壞情緒，就採取了否定態度。如果真的想保持心理健康的話，你卻必須像接受同一律那樣，勇敢而輕鬆地接受它們。很明顯，越是有意識地抵抗自身情緒，它就越容易控制我們，更會淹沒我們，剝奪更多的選擇。只要我們允許自己體驗那些負面情緒並認可它們，雖然它們不會消失，但是降低到了我們可以控制的層次。

哲學家培根曾說：「想要支配自然，首先就得順從它。」接受並不意味著改變

壞情緒獨特的本質，但絕對可以讓你更清楚地體驗並認識到它們的本質，越瞭解其本質，我們就更清楚該如何處理它。

一個接受自然定律的工程師，在發明飛機時，絕對比一個不接受自然定律的工程師強。同樣的，一個接受自身情緒的人——嫉妒就是嫉妒，恐懼就是恐懼——會比不接受的人活得更舒坦。只有學會接受情緒，當我們恐懼時才不會逃跑，當我們嫉妒時才可以愉悅地幫助朋友。

情緒在很大程度上，不受意志的控制。不過，這並不表示我們對待壞情緒就只能聽之任之。我們不妨試著把情緒想像成一個孩子，學會接納和寬容它。孩子聽話的時候，我們接受他；他不聽話的時候，我們也不可能嫌棄他、拋棄他。因為聽話或不聽話，都是孩子特有的屬性。

情緒亦是如此。我們不如常常告訴自己：「壞情緒也是自己情緒的一部分；波動的心境也是組成美麗人生的元素。」這樣，只要我們不和壞情緒較勁，就會少了很多無謂的煩惱，它也無法影響我們的日常生活了。

我們可以用下面這些方法來安慰情緒這個「孩子」。

首先，轉移注意力。雖然你無法控制情緒，但完全可以控制自己的身體。當我們陷入情緒的泥淖而無法自拔時，那就儘快離開眼前的境況，出去走走看看太陽，感受微風欣賞花草。這樣，如果轉移了注意力，心情也就會好多了。

其次，要學會給壞情緒留點兒時間。這樣做既代表接納了壞情緒，也不至於讓它放任自流。例如，將放學後或下班後的半小時或一小時留給壞情緒，其他時間，只要壞情緒一出現，便提醒自己：「現在，壞情緒的時間已經過了，我還有自己的事要做！」

其實，真正的幸福生活是來自接納和寬容而並非取捨，承認「情緒＝情緒」，而非「我要好情緒，不要壞情緒」。在生活中，學會接納，寬容你的壞情緒，才是你進步前行的助推器。

50 控制情緒，解放心情

在紛繁錯雜的世界面前，或許我們曾經迷茫過、失落過、憤怒過、怨恨過……而事後的結果是不堪回首的。此刻，我們就要學會控制情緒，解放心情，做情緒的主人才是關鍵之所在。

這樣的事情經常會發生在交通擁擠的十字路口：整個路面都成了車的海洋，不耐煩的司機在車裡使勁地按著喇叭並怒吼著，交通警察及時出現阻止了快要陷入癱瘓狀態的交通。他熟練地指揮，該停的停，該轉的轉，該走的走，場面很快得到了控制。這時，交通警察的重要性便展現出來了，沒有他們的管理疏導，這種糟糕的狀況還會持續很久。

有時候，人的心情也會像這個雜亂的交通一樣，亂七八糟的各種情緒一起湧上心頭，讓人覺得心煩、頭痛不已，同樣的，我們也需要給這些情緒一個合理的釋放。

疏導情緒時，我們要學會情緒轉向。不管是好心情還是壞心情，都得有一個轉向過程。當我們心情極度興奮的時候，要學會情緒轉向，以免太過激動而發生不必要的麻煩；當我們心情極度低落的時候，也得情緒轉向，以防一蹶不振。只有我們學會疏導情緒，才能算是真正的成熟，才能做到不輕易流露出自己的情緒。

情商高的人是真正會控制情緒的人。他們善於接受各種各樣的事情，接受不可避免的困難，所以這類人在感到沮喪、生氣甚至是緊張的時候，他們總會先接受這種不可避免的事實，然後再用情緒轉向來發洩自己的不快。他們並不會因為所面對的事情，不是他們所想要的而採取一種逃避甚至是抵抗的態度。相反，他們會很自在地接納這些已經發生的事情，既不恐慌，也不沮喪，因為他們知道這些事情總會過去的，即便你再抵抗，再沮喪，事情還是照樣發生了，與其這樣，還不如接受。這樣，他們就可以真正地進入自己的心靈世界，避免了這種負面的情緒影響。

著名的宗教家名叫傑克·亨利。在一次傳道的路上，突然被一夥強盜團團圍住，不僅被痛打了一頓，連他身上所剩的一點錢也被搶走了。在空曠的原野上，雖然身無分文，但他還堅持一步一步地走向目的地。

後來這他在日記中這樣寫道：「我要感謝上帝，感謝上帝給我這樣的保護，我真的是太幸運了。」並且，列出了之所以說自己幸運的幾個理由：

一、我在此之前從來就沒有遇到過類似這樣不幸的事情，這次竟然遇見了，我真是幸運。

二、強盜只是搶走了我的錢，我的生命卻是安然無恙，說明這個強盜還是很不錯的，我真是幸運，遇到這樣的強盜。

三、他們只是搶走我身上的錢而已，並沒有搶走我所有的財產。而那些錢是可以再賺回來的，因此我也感覺到自己真的很幸運。

四、是他們搶我的錢，而不是我搶他們的錢，願上帝原諒他們的一時無知。

在被強盜搶走了所有的錢，還能列出了這麼多讓自己感到幸運的理由，不僅說明傑克・亨利能自我安慰，還更能給自己一個釋放心情的理由，此後在傳道的過程中，他也沒有受到此劫的影響，仍能一直保持很高的積極性。

亨利是一個極其明智的人，在面對不可避免的事情時，不抗拒、不逃避，而是放鬆心情並以一種博大的胸襟和氣魄來為自己解脫，讓自己很優雅地離開這種負面情緒，進入心靈的正面狀態。同樣的，在我們難過、煩悶時，不要一味想著對抗這些負面情緒，而是爭取做到放鬆自己。這樣，壞情緒就會像落日一樣很自然地消失，我們應該學會如何在不經意間實現情緒的成功轉向。

情緒的轉向主要取決於產生情緒的行為、態度的轉變，只要這些方面先轉變，那麼情緒當然也會跟著發生改變。所以，我們應該知道，遇到困難時要換一種角度去剖析。例如說你碰到一個「大吼大叫」的人，不要認為對方是一個「脾氣暴躁」的人，而應該說他或許是一個「感情豐富」的人。在別人誤解你的時候，不要只說對方不可理喻，還得想想是不是自己沒有說清楚。

學會情緒轉向後，還得讓自己的心情解放，做到面對羞辱時還能泰然處之。情緒低落的原因主要有兩種：一種是自己情緒的失控，一種就是受到外界的刺激和影響。當受到別人羞辱時，一般人通常會變得躁動不安很難控制自己的情緒，最後做出令自己後悔莫及的事情。在這個時候只有冷靜的人，才會懂得情緒轉向、解放心情。

只要學會清除情緒垃圾，就可以擁有快樂的心境。下意識地為心靈鬆綁，給心情做一個深呼吸，也就能為自己點亮心燈一樣。別人是無法點亮你心中那一盞燈

的，而你的快樂也只會一直被情緒垃圾壓制住。快樂就像一大塊被沙子包圍的金子，只要能把那些沙子沖掉，快樂就會像金子一樣閃閃發光。

另外，還要適當地做好情緒的轉化，這也是釋放心情的一種方式，可以把不好的情緒轉化成對自己有利的動力。每天早晨推開窗戶，對自己說：「這是個全新的一天。」然後，伸伸脖子、抬抬腿，滿懷信心開始新的一天。還要常常與人交流，開闊自己的眼界，這樣可以倒掉許多情緒垃圾。

平時多讀一些書，翻一翻你喜歡的雜誌，分散心思，改變心態，冷靜情緒，陶冶情操。最後，記得多笑一些，笑是心理健康的潤滑劑，它將有利於驅走煩惱，消除心理疲勞。

別讓自己不高興：50條不生氣法則

編著 高非
出版者 大拓文化事業有限公司
執行編輯 林秀如
封面設計 林鈺恆
內文排版 姚恩涵

總經銷 永續圖書有限公司
劃撥帳號 18669219
地址 22103 新北市汐止區大同路三段一九十四號九樓之一
TEL (〇二)八六四七—三六六三
FAX (〇二)八六四七—三六六〇
E-mail yungjiuh@ms45.hinet.net
網址 www.foreverbooks.com.tw

CVS代理 美璟文化有限公司
TEL (〇二)二七二三—九九六八
FAX (〇二)二七二三—九六六八

法律顧問 方圓法律事務所 涂成樞律師

出版日◇二〇一九年十月

國家圖書館出版品預行編目資料

別讓自己不高興：50條不生氣法則 / 高非編著.
-- 初版. -- 新北市：大拓文化, 民108.10
面； 公分. -- (成長階梯；77)
ISBN 978-986-411-104-6(平裝)
1.情緒管理 2.生活指導
176.52 108013655

TALENT Tool

大大的享受拓展視野的好選擇

謝謝您購買 **別讓自己不高興：50條不生氣法則** 這本書！

即日起，詳細填寫本卡各欄，對折免貼郵票寄回，我們每月將抽出一百名回函讀者寄出精美禮物，並享有生日當月購書優惠！

想知道更多更即時的消息，歡迎加入“永續圖書粉絲團”

您也可以利用以下傳真或是掃描圖檔寄回本公司信箱，謝謝。

傳真電話：（02）8647-3660　　信箱：yungjiuh@ms45.hinet.net

☺ 姓名：________　□男　□女　□單身　□已婚

☺ 生日：________　□非會員　□已是會員

☺ E-Mail：________　電話：（　）________

☺ 地址：________

☺ 學歷：□高中及以下　□專科或大學　□研究所以上　□其他________

☺ 職業：□學生　□資訊　□製造　□行銷　□服務　□金融

□傳播　□公教　□軍警　□自由　□家管　□其他________

☺ 您購買此書的原因：□書名　□作者　□內容　□封面　□其他________

☺ 您購買此書地點：________　金額：________

☺ 建議改進：□內容　□封面　□版面設計　□其他________

您的建議：________